「逆上がり」ができない人々

発達性協調運動症（DCD）のディストピア

横道 誠

明石書店

プロローグ——そしてディストピアが始まる

本書では発達性協調運動症を取りあげたい。発達性協調運動症は極端な不器用さを特徴とする発達障害だ。原語はDevelopmental Coordination Disorderと言い、略称はＤＣＤだ。やや古い訳語として「発達性協調運動障害」というものがある。

発達性協調運動症には、「知られざる発達障害」という面がある。２００４年に制定され、２００５年から施行された発達障害者支援法には、「発達性協調運動症」や「発達性協調運動障害」といった言葉は現れない。同法は２０１６年に改正されたが、発達障害について定義した第２条は、つぎのようになっている。

この法律において「発達障害」とは、自閉症、アスペルガー症候群その他の広汎性発達障害、学習障害、注意欠陥多動性障害その他これに類する脳機能の障害であってその症状が通常低年齢において発現するものとして政令で定めるものをいう。

（文部科学省 2016）

ここに挙がっている発達障害のうち、「自閉症」「アスペルガー症候群」「広汎性発達障害」は、現在ではまとめて「自閉スペクトラム症」（ＡＳＤ）と呼ばれている。「学習障害」は「限局性学習症」（ＳＬＤ、現在でも旧称の「学習障害」が広く用いられる）と呼ばれている。「注意欠陥多動性障害」は、現在「注意欠如多動症」（ＡＤＨＤ）となっており、この発達障害に関しては、この略称で呼ばれることが多いため、本書でもそれを踏襲する。「その他これに類する脳機能の障害」に発達性協調運動症は含まれているはずだが、同法ではっきりと名が挙げられなかった弊害は大きい。現在でも多くの発達障害者が、場合によっては専門家ですら、発達障害とは「自閉スペクトラム症」「注意欠如多動症」「限局性学習症」の３つなのだと誤解している。実際には発達性協調運動症のほか、知的発達症（知的障害）、チック症、児童期発症流暢症（吃音《きつおん》）なども発達障害の下位カテゴリーに入っている。

このような状況もあって、発達性協調運動症は診断がおりにくい。それでも子どもに対する診断はまだ増えているのだが、おとなの場合となると、発達性協調運動症の診断基準を満たしていても、医師が診断をくださない事例が圧倒的に多い。石川道子は、子育てをするうえで極端な不器用さのために苦労する母親は多いが、そのうち発達性協調運動症を診断されている人は皆無だ、という強い表現を用いて問題提起をおこなっている（石川 2019: 154）。

私自身も、そのような当事者のひとりだ。本書の一連の記述を読んでいただけたら、発達性協調運動症について正確な知識を持っている医師ならば、私に発達性協調運動症の診断を容易にくだすと思われるが、私に実際にくだされた診断は、自閉スペクトラム症とＡＤＨＤだけだった。私には限局性学習症の傾向（算数障害）、軽いチック症、軽い吃音もあって、いずれも発達障害だが、どれも診断されていない。

発達性協調運動症の当事者の数は全体の５％か６％、つまり20人にひとりくらいだと考えられている（Zwicker et al. 2012）。私たちの極端な不器用さが、もし知能指数（ＩＱ）のような尺度で想定されるならば、どのような評価になるだろうか。知能指数が70未満の人は知的障害、70以上85未満の人は境界知能に該当し、85以上が正常知能とされている。そして知的障害に該当する人は全体の２・３％、つまり50人にひとりくらいだ。境界知能に該当する人は全体の13・６％、つまり７人にひとりくらいだ。読者のみなさんは、境界知能に該当する人が予想以上に多いことに驚くかもしれない。いずれにしろ、発達性協調運動症の当事者は、知能指数で言えば、知的障害の当事者全員と、境界知能の当事者の一部に該当するくらいの数、ということになる。

そのようなわけで、私はじぶんのことをある意味では知的障害者のようなものだと思って生きている。すでに述べたように、知的障害は医学的には発達障害の下位カテゴリーだから、この告白に驚かない人だっているかもしれない。しかし私が診断されているのは自閉スペクトラム症とＡＤＨＤで、このふたつの発達障害は、「発達障害」という語感と裏腹に、天才的な能力を誇る当事者が目立つ、ということで世間の耳目を引きやすい。私は大学教員をしているから、「２ｅ」（twice exceptional,「二重に例外的」の意味）、つまり発達障害者でありながら、特別な能力を持った「ギフテッド」でもあると見なされやすい。しかし私自身は、つねにじぶんについて「運動能力に知能指数のような指標があれば、私は知的障害者なのだ」と感じながら生きている、ということを強調しておきたい。

本書の書名は『〈逆上がり〉ができない人々――発達性協調運動症（ＤＣＤ）のディストピア』と名づけることにした。本書を読んでいただければ理解していただけるように、鉄棒の「逆上がり」は、発達性協調運動症の当事者の多くがクリアできないままになるか、平均よりもかなり遅れてクリアすることになる体育の課題のひとつだ。私自身にとっては、どうやっても逆上がりができないということが、人生で経験した最初の挫折のひとつだった。その衝撃から始まった、さながら永遠の地獄であるかのように続いた「なぜかじぶんにだけできない」という諸体験の内側を、つまり理想郷（ユートピア）の反対の「ディストピア」を私は現在も生きている。

本書の第1章では発達性協調運動症についての基本的な理解を得ていただく。第2章では、私自身の発達性協調運動症がどのようなものかを記している。第3章では発達性協調運動症の子どもを育てる親たちへのインタビューを、第4章では発達性協調運動症と診断された、またはそう自認する成人当事者たちへのインタビューを掲載する。それぞれのインタビューには、私なりのコメントを追記した。第5章では発達性協調運動症に関する問題の解決について考察し、エピローグでは「もし発達性協調運動症の人が多数派だったら？」という思考実験を展開する。

読者のみなさんが、私たち発達性協調運動症の当事者が体験している世界を内側から共有し、この発達障害に対する理解を深めていただけるのなら幸いだ。

〈逆上がり〉ができない人々◉目次

第1章

発達性協調運動症に関する基本事項

まずは発達障害に関する基本的な知識を確認しておこう。

精神疾患の診断をくだすためのマニュアルとして、現在は『精神疾患の診断・統計マニュアル』（*Diagnostic & Statistical Manual of Mental Disorders:* DSM）が広く使用されるようになっている。同書が普及したのは、「操作的診断」を可能にしたという実績があるからだ。操作的診断とは、明確な基準にもとづいた診断のことで、つまるところ「これこれの項目をいくつ満たせば○○症」などの基準がＤＳＭには記されているのだ。その診断基準がほんとうに正しいものなのか、という問題についてはさまざまな批判的意見があるが、しかしＤＳＭほど信頼性が高い診断マニュアルが、現状ではほかに存在していないことも確かと言える。

そのようなＤＳＭだから、同書が提示する精神疾患の分類も強い影響力を持っている。アメリカで２０２２年に刊行された最新版のＤＳＭ－５－ＴＲ（『精神疾患の診断・統計マニュアル』第五版追加修正版）によると、発達障害は医学的名称として「神経発達症」が採用されている。「プロローグ」で述べたことと重なるが、「神経発達症」の下位カテゴリーには、知的発達症、児童期発症流暢症（吃音《きつおん》）、自閉スペクトラム症、注意欠如多動症、限局性学習症、チック症、発達性協調運動症などが位置づけられている。「知的発達症」とはいわゆる知的障害のことで、つまりこの精神疾患は医学的には自閉スペクトラム症、注意欠如多動症、限局性学習症とともに発達障害の下位カテゴリーに属する。そして、そのような神経発達症の下位カテゴリーのひとつとして、発達性協調運動症も存在している。

少しだけ精神医学史を振りかえっておくと、1959年に精神科医のベンジャミン・パサマニックが、微細脳損傷（Minimal brain damage / Minimal cerebral damage）という用語を提唱した。それらの症例が実際に脳の「損傷」だという事実は論証されなかったために、この用語は微細脳障害（Minimal brain dysfunction）に置きかえられた。いずれにしても「微細脳障害」は、診断名ではなく現在では注意欠如多動症、限局性学習症、発達性協調運動症などとして知られる発達障害の症例を包括的に示した概念だったそうだ（吉水・吉田 2011: 41）。

DSMの歴史を確認すると、1968年に刊行されたDSM－II（『精神疾患の診断・統計マニュアル』第二版）では、「子ども（またはおとな）の運動亢進反応（Hyperkinetic reaction of childhood (or adolescence)」という概念が導入されており、「この障害は、とくに幼児の過活動、落ちつきのなさ、気が散りやすく、集中力が持続しないことによって特徴づけられる。通常、この行動は思春期に減退する」と説明されていることから、これがおおむね「微細脳障害」に対応していると考えられる（APA 1968: 50）。1987年に刊行されたDSM－III－R（『精神疾患の診断・統計マニュアル』第三版追加改訂版）では、「特異的発達障害」の一種として

「発達性協調運動障害」（APA 1988: 49-50）という病名が初めて登場した。

ＤＳＭと同じく診断マニュアルとして定評のあるものに、ＷＨＯ（世界保健機関）の『国際疾病分類』（*International Classification of Diseases*: ICD）がある。ここで発達性協調運動症がどのように説明されているか確認してみよう。ただし病名はやや異なり、「発達性運動調整症」（Developmental motor coordination disorder）とされている。

発達性運動調整症は、粗大運動の能力および微細運動の能力の獲得の大幅な遅延と、運動能力の不器用さ、遅さ、または不正確さとして現れる運動調整能力の実行の障害によって、特徴づけられる。運動調整能力は、その個人の実年齢と知的機能のレベルを考慮すると、期待されるものよりもいちじるしく低い。運動調整能力の困難は発達期に生じ、典型的には幼児期から明らかになる。運動調整能力の困難は、機能（日常生活での活動、学業、職業活動、余暇活動など）に重大かつ持続的な制限を引きおこす。運動調整能力の困難は、神経系の疾患、筋骨格系または結合組織の疾患、感覚障害のみに起因せず、知的発達の障害によってはうまく説明されないものだ。（ICD-11: 6A04）

ここでは発達性運動調整症（つまり発達性協調運動症）に、「粗大運動」の障害と「微細運動」の障害があること、それらの獲得が遅れたり、不器用あるいは不正確な形で獲得されたりすること、幼児期から事態が明確化されること、社会的日常に障害をもたらすこと、身体障害や知的障害などによって説明されるものではないこと、が説明されている。この解説は、DSM－5－TRに診断基準として示された文章と――粗大運動や微細運動といった語は出てこないが――おおむね一致している。DSM－5－TRから引用してみよう。

A）協調運動技能の獲得や遂行が、その人の生活年齢や技能の学習および使用の機会に応じて期待されているものよりも明らかに劣っている。その困難さは、不器用（例：物を落とす、または物にぶつかる）、運動技能（例：物を摑む、はさみや刃物を使う、書字、自転車に乗る、スポーツに参加する）の遂行における遅さと不正確さによって明らかになる。

B）診断基準Aにおける運動技能の欠如は、生活年齢にふさわしい日常生活動作（例：自己管理、自己保全）を著明に、持続的に妨げており、学業または学校での生産性、就労前および就労後の活動、余暇、および遊びに影響を与えている。

C）この症状の始まりは発達段階早期である。

D）この運動技能の欠如は、知的能力障害（知的発達症）や視力障害によってはうまく説明されず、運動に影響を与える神経疾患（例：脳性麻痺、筋ジストロフィー、変性疾患）によるものではない。

（APA 2023: 84）

粗大運動や微細運動はたいていの人にとって耳慣れない言葉だろう。粗大運動とは全身の体さばきに関わる運動のことで、微細運動は手先の器用さに関わる運動のことだ。多くの人は気づいていないが、粗大運動も微細運動も複雑な協調運動の集積体として成立する。たとえばボタンを留めるという微細運動は、つぎのような複雑な過程によって組織されている。

（1）視覚情報としてボタンとボタンホールの位置が入ってくる
（2）片方の指先でボタンホールの周囲を持ち、ホールの位置を触覚でとらえる
（3）もう一方の手でボタンをつまむ
（4）つまんだ触覚を維持したまま、ボタンホールにボタンの端を差し入れる
（5）ボタンを途中まで通したら、それぞれの持ち手を交代する
（6）ボタンをつまみ替えたら、ボタンを持った手で引っ張り出しながら、（触覚を頼り

に）もう一方の手でボタンを押し出してとめる

（古荘 2023: 41）

粗大運動も同様だ。キャッチボールをする場合、視覚情報としてボールを捉え、利き手の手のひらと指で触覚を活用しながらボールを摑み、平衡感覚を意識しながら片足立ちになって体全体を後ろへ向かってしならせる。ボールを握った腕は後ろへと大きく引っぱり、もう片方の足を大きく前方へ踏みこみながら、体全体の体重をボールに乗せつつ、腕をしならせて前方に振りきり、絶妙なタイミングでボールから手を放す。ボールを握ったあとは、視覚の焦点は一貫してボールを投げあたえる相手の体に絞っておく。

このような微細運動や粗大運動の複雑な過程を人並外れて不得意にするのが、発達性協調運動症の当事者だ。私はいまではボタンをそんなに苦労せず留められるが、小さい頃はその手作業にいつも手こずっていたし、キャッチボールはいまでもうまくできない。ボールに体重を乗せることができないので、手だけで投げているような感じになり、相手の位置までボールが届かないのだ。

誰にでも理解できることだと思うのだが、あらゆる生物のあらゆる日常の営みが、微細運動と粗大運動の連続によって組みたてられている。だから発達性協調運動症があれば、それは当事者の人生の生きづらさに直結してしまう。「プロローグ」で述べたように、発達性協調運動症の当事者は、学齢期の子どものおおむね５％から６％に存在する。男女比は――だいぶ幅があるが――２：１から７：１のあいだとされている（APA 2023: 85）。

さらに厄介なことに、発達障害はきわめて併発しやすいことが知られていて、発達性協調運動症も例外ではないという点だ。自閉スペクトラム症者の79％、注意欠如多動症者の55％、限局性学習症者の少なくとも50％が発達性協調運動症の当事者でもあるという報告が出されている（Green et al. 2009, Watemberg et al. 2007, Rameckers et al. 2023）。だから当事者の困りごとは重複的なものになる。たとえば私の場合だと、歩くときに平衡感覚の取りにくさという発達性協調運動症の問題に、自閉スペクトラム症の特殊なこだわりの特性が合わさって、歩くたびに足のくるぶしをコキコキと回したくなるし、注意欠如多動症の特性も合わさって、さまざまな五感の情報に注意が拡散するため、なにかにぶつかったり転んだりする危険が高まる。

このように厄介きわまる発達性協調運動症だが、本書が既存の類書と大きく異なるのは、私が「脳の多様性」（ニューロダイバーシティ）の考え方を支持しているという点にある。「脳の多様性」とは、自閉スペクトラム症者の権利要求運動から出てきた言葉で、発達障害者を「脳の少数派」（ニューロマイノリティ）、発達障害のない「定型発達者」を「脳の多数派」（ニューロマジョリティ）と位置づけることによって、障害者か健常者かという議論とは異なる角度からの議論を可能にする思考法だ。「脳の少数派」に属する発達性協調運動症の当事者、体さばきや手先の不器用さで苦しんでいる子どもたちとおとなたち両方のために本書は送りだされる。

第2章

私のオートエスノグラフィー

床でゴロゴロしながら人生の大半を過ごしてきた

すでに述べたように、私は自閉スペクトラム症および注意欠如多動症と診断されている。主要5教科では、数学や数学的要素を含んだ理科の分野だけ異様なほど不得意だったから、限局性学習症の算数障害の傾向もあると思う。発達性協調運動症と診断されていないが、粗大運動と微細運動の両方に困難がある。子どもの頃はチックが激しくて、病院に通った。いまでも顔の筋肉をヒクヒクさせることが多いから、そのチック症の傾向は残っている。児童期発症流暢症があり、話すたびに困るほどの重症ではないが、疲れているとだいぶ吃《ども》りながらしゃべっている。思春期には家の外では黙りこんでしまう場面緘黙《かんもく》症もあった。これも医学的には発達障害の一種だ。そのようなわけで、私は発達障害のデパートのような存在だと思っている。

いかにも自閉スペクトラム症児らしく、私には子どもの頃から「マイワールド」がはっきりとあって、好きなものを見つけると我を忘れて飛びつくのが常態だった。活字中毒だったが、それ以上に視覚的表現を好み、文字と絵が合わさった表現物、たとえば絵本や図鑑やマンガには夢中にさせられた。猫のように狭いところが好きで、ドレッサーの衣類のあいだに挟まったり、押しいれの布団が積んであるところに潜りこんだりした。小さい頃は段ボール箱のなかに隠れていて、近くの川に落ちたのではないかと大騒ぎになったことがあったと親から聞いた。狭いところに挟まりたがるのは自閉スペクトラム症のよく知られた特性だ。

自閉スペクトラム症者には聴覚情報処理障害（ＡＰＤ）が付いてまわるが、私もまったく同様で、音は聞こえていても意味がわからない場面が多い。イヤーマフなどを付ける自閉スペクトラム症児は多いが、私が子どもの頃には、そのような道具と縁がなかった。しかし私の場合、マフラーやヘッドフォンなどを感覚過敏のせいで不快に感じてしまう。だから私が小さい頃に発達障害がよく知られていても、私はイヤーマフを拒否したと思う。 話すと「声が大きい」と言われ、周囲に人がいてもぶつぶつと独り言を言ったりする。他人に対する関心が弱い自閉スペクトラム症の特性だと思う。

恥ずかしいことだが、私は人前でも鼻をほじる癖が長年なくならなかった。これも鼻の穴に老廃物が溜まると、それを人並外れて不快に感じるという感覚過敏の問題に関係があると考えている。子どもの頃は、よく唾液を指につけて、それを両方の耳たぶに塗り、いつも耳が冷えているように心がけた。この部分が温かいと、いつも不快な気分になった。いまでは、さすがに唾液をつけたりしないにせよ、頻繁に顔を洗って、耳元を冷えた状態にしておこうとしている。毎日シャワーを浴び、歯磨きをするという習慣が、私には20代半ばまで定着しなかった。シャワーノズルから発射される水流の束を体に当てること、体をゴシゴシこすって洗うこと、歯ブラシで歯茎をじっくりブラッシングすることは、感覚過敏のために痛いと感じてしまっていた。

注意欠如多動症のために、時間が守れない、忘れ物をする、物がどこにいったかわからなくなる、整理整頓ができない、といった悩みごとにも長年にわたって煩わされてきた。注意がすぐに拡散するので、いわゆる「ながら族」で、いろんなことを同時にやろうとしてしまうのだが、もちろんそれではまともにできる作業は限られるし、労働をしていてマルチタスクが求められると、すぐにパンクしてしまう。注意欠如多動症があると依存症になりやすいと言われるが、私もさまざまな嗜癖（病的な依存の対象）に溺れ、発達障害とほぼ同時期にアルコール依存症も診断されてしまった。

そのようにさまざまな発達障害の特性に悩まされている私だが、発達性協調運動症は、私の生きづらさの中核にある。全身のからだの使い方がぎこちないので、すぐに疲れてしまい、かつてもいまも1日の大半の時間を床に転がって過ごしている。子どもの頃から現在に至るまで舌足らずで、いい年をしたおじさんなのに、話すたびに幼稚な響きの声を出してしまう。呂律《ろれつ》が回らないのだが、これが発達性協調運動症の微細運動の一種だということは、発達障害の診断を受けたあとでも、何年も気づかなかった。手先の不器用さならぬ、舌先の不器用さだ。もしかすると吃音《きつおん》にも微細運動の障害という側面があるのかもしれない。

子どもの頃から体幹が弱く、授業中は同じ姿勢を維持することが難しく、しきりに体をよじったり、椅子で船漕ぎをしたり、頬杖《ほおづえ》をついたり、立ちあがったり、貧乏ゆすりをしたりしていた。背筋を伸ばしていると疲れ、すぐに猫背になった。家では疲れきって、いつもゴロゴロと横たわっていた。そうやって日常の多くの時間を過ごすという習慣は、いまでもほとんど変わっていない。私は現在もほとんどの執筆作業や事務作業を寝転びながらこなしている。使用する道具はおもにアップルの製品、現在ではMacBook AirとiPhoneだ。

機械を使って書ける時代になってから、私の決定的な困りごとのひとつが解消された。私にとって整った文字を書くことは負担に感じられる作業で、私の書字は拙劣だ。文字そのものは好きだったし、自閉スペクトラム症児にありがちな博学思考から、子どもの頃の私は膨大な読書記録をノートに記録していたが——誰もがパソコンを使うようになる時代の前夜にあたる——、記入する文字がぐちゃぐちゃな事実は、「こだわり」の強い私にとって、胸苦しいことだった。きれいな字でノートを書くことに、いつも憧れていた。そして私は宮沢賢治の書体にインスピレーションを受けた。ヘタなことは確かだけど、微妙な味わいがある「ヘタうま」の書字。私はいまでもそのようなヘタうまの字を書きながら大学の教室で授業をおこなっている。

発達性協調運動症のせいで、むかしもいまも私はよく机からものを落としてしまう。プリントなどをきちんとていねいに折りたためるようになるまで、何年もの時間を費やした。読書が好きなので国語の時間が楽しみだったが、縦書きでノートを取ると、横書き以上に文字を書くのに苦労した。絵が好きなので図工の時間も楽しみだったが、クレヨンを使っても色鉛筆を使っても、絵の具を使っても、色があちこちではみだしてしまう。ハサミやノリを使って工作すると、無我夢中で取りくんでも、私の制作物は不細工だった。幼稚園の頃は鍵盤ハーモニカ——地域によっては「ピアニカ」や「メロディオン」といった製品名で知られているもの——に悩まされ、小学生になるとリコーダーに悩まされた。音楽は好きだったのに、——発達性協調運動症とどのくらい関係があるかわからないのだが——私はいわゆる「音痴」で、ごく単純な歌でないと、音程が外れっぱなしになった。

私は「方向音痴」でもあるが、私の人生にとって決定的な意味を持ったのは、なんと言っても「運動音痴」という事実だった。体育の時間は、どれほどの生き地獄だっただろうか。人生最初の挫折体験として思いだすのが、まさに鉄棒の逆上がりだった。小学1年生だったか2年生だったかのときで、なんとか前回りはできた。母親や近所の親しくしてくれたお兄さんが「特訓」に付きあってくれたものの、どれだけ挑戦を繰りかえしても、逆上がりができなかった。補助してもらえればできるが、自力では超えられない壁が眼前に立ちはだかっていた。同じような思いは、小学3年生くらいのときに跳び箱でも味わった。ほかのクラスメイトたちが超えられる高さを私だけがクリアできなかった。小学4年生のときは縄跳びだ。どれだけ練習しても二重跳びができなかった。ふつうの飛び方でも、数回やるだけで、引っかかって続かなくなる。

球技にはそれ以上に苦しめられた。小学生時代、昼休みになると、クラスメイトの男子たちは率先してドッジボールに励んでいた。私はできるだけ参加したくなかったが、ただでさえいじめられやすかったので、参加を毎回断ることは不可能だった。私は力一杯ボールをぶつけるための格好の的だった。それはどれだけつらかっただろうか。家ではカルト宗教の教育によって、母から日常的にガスホースによる臀部《でんぶ》への殴打を受け、苦しんでいたが、学校ではクラスメイトがドッジボールで私を殴打していたのだ。私はドッジボールを熱心にやろうとしていた、満面の笑顔の同級生たちのことを思いだすと、いまも当時の気持ちのままに、心から軽蔑と憎悪の念を燃やしてしまう。小学5年生のとき、親友が入ったからということで、サッカー部に入部したのだが、それを後日どれほど後悔しただろうか。それまでサッカーをやったことが一度もなかったため、誤った選択をした。あまりに混乱したからかもしれないけれども、私は利き手も利き足も右なのに、なぜかサッカーボールは左足でしか蹴られないようになって、いまでもその癖が直っていない。

私の不器用さを憂慮したからか、母親が私をそろばん教室や水泳教室に通わせてくれた。それらを始めたのは、私自身も興味があったからかのように錯覚していたが、実際には母親が熱心に後押ししたことが大きかったと思う。実際、そろばんの玉を弾いていても、プールで泳いでいた――というか、ほぼ溺れていた――ときも、私はなにも楽しいとは感じなかった。そして、そろばんも水泳もほとんど上達しなかった。もちろん、まったく無意味だったと言っているわけではない。計算が苦手なことは変わらなかったが、そろばんをうまく使って大きな数の計算をする人を尊敬するようになったし、水泳に関しては、感覚過敏のために最初は顔を水につけるだけで嫌がって大わらわだったのに、水泳教室に通ううちに、だいぶましになった。いまでも私はプールや海に入ると――そんなことをするのも10年に1回くらいなのだが――、水面から顔をあげるたびに、大慌てで顔に手を当てて、水を拭いとることに夢中になってしまう。

父、母、妹、弟とレクリエーションをする機会もあったが、私以外の家族はおおむね器用にスポーツをこなしていた。バドミントンをしたり、フリスビーを投げあったり、キャッチボールをしたりと楽しそうに見えた。私も義理で少し参加するのだが、しばらくすると諦めて、持ってきた文庫本の読書に耽《ふけ》るのがつねだった。本を読むことによって、過酷な現実を離れて、異世界に参入することができた。私が子どもの頃は携帯用ゲーム機が揺鑑期にあったから、ゲームに逃げこむことはできなかった。もう少しあとの時代に生まれていたら、現在の多くの子どもたちと同様に、私はゲーム漬けになっていただろう。実際、小学生の一時期、私は家で毎日何時間もファミコンのとりこになっていた。

集団で遊んでいるとうまくいかないことが多かったので、私はひとり遊びを好んだものだが、スポーティーな遊びは、当然ながらうまくいかないことがほとんどだった。学校で一時的に竹馬が流行したことがあったのだが、私はもちろん乗れなかった。缶ぽっくりが流行したときは、さすがの私もこれで歩くことはできたので、達成感のようなものを味わったとはいえ私にすら達成できる程度の単純な遊びなので、多くの子どもたちが夢中になることはなく、流行はあっという間に過ぎさった。スケボーが流行して、私も憧れて買ってもらったのだけれども、ぜんぜん乗れなかった。光ＧＥＮＪＩが社会現象を起こし、ローラースケートが流行して、私も友だちのやつを借りて履かせてもらったことがあるけれど、もちろん少しも立っていられなかった。マイケル・ジャクソンが全世界的なブームを起こし、ムーンウォークが流行したので、私も練習したことがあったものの、私が真似できたマイケルの動作と言えば、クイッと腰を突きあげる卑猥《ひわい》なポーズくらいだった。

私はもちろん一輪車に乗れなかったのだが、自転車は特訓の末に、なんとか乗りこなせるようになった。自転車を乗れるようになったことは、いまでも奇跡のような体験だったと思っている。実際、発達性協調運動症の仲間には自転車に乗れない人だっている。また私はほとんどの球技ができないのに、野球はある程度までできた。私が育った大阪は阪神タイガースへの熱狂を背景として野球が盛んな地域で、私も小さい頃から「三角ベース」などの単純化された野球風の遊びに参加する機会を多く得た。それでボールはまともに投げられないものの、バットを振って球に当てたり、フライをグローブで捕球したりすることはできるようになった。野球はチーム競技でありながら個人技が活躍する場面が多く、自閉スペクトラム症者に向いていると感じる。元プロ野球選手のイチローは自閉スペクトラム症の特性が強い「こだわり」だらけの人に見えるため、私のイチローに対する感情移入はとても大きいものがあった。

自閉スペクトラム症者が得意だと語ることが多いスポーツと言えば、長距離走だ。マラソンや駅伝が得意な自閉スペクトラム症者は珍しくない。単純な運動の反復を得意とする特性にぴったり合ったスポーツということになる。私も生活していて単純な動作を繰りかえす傾向があるが、他方で私にはＡＤＨＤもあって、ルーチンワークに飽きっぽいという側面もある。それもあってか、長距離走は私にとって多くの球技と並んで鬼門だった。マラソン大会は、どれほどの惨めさを与える行事だっただろうか。中学生のとき、運動会で１５００メートル走の選手に選ばれてしまい、ひとりだけ何周も遅れて完走したときのことを忘れられない。会場からは拍手があがり、親友が走ってきてねぎらってくれたが、私にとっては生き地獄のように感じられた。

ひとりで遊んでいると、くつろげる時間を過ごしやすかったけれども、やはり不器用さによって、うまく楽しみきれないことは多かった。絵を描くのが好きで、草はらで昆虫を観察したり、桜の時期の大阪城などを観覧したりして、水彩画を仕立てていったのだけれども、うまく色を塗ることはできなかった。レゴのブロック遊びやジグソーパズルに憧れたものの、組みたてていると、いつもイライラした。手品を披露したり、テレビ番組のヒーローの着ぐるみを自作したりすることに憧れたけど、すぐに諦めた。結局いつも、本を読むことに救いを求める結果に終わった。

ところで私は本好きなのに、じつを言えば、これも私にはある程度のハードルを与えるものだった。注意欠如多動症に斜視が合わさった結果だと思うのだが、読書をすると、私の眼はいつも不安定に泳いでしまう。斜視は発達障害ではないけれども、発達障害者を見ていると、斜視の人が多いような気がする。私の眼球は元気なときだと斜視にはならないのだが、ストレスが溜まると、とたんにまともに焦点を絞れなくなる。そのときの私の顔つきは、両眼でべつべつの方向を見ているカメレオンのように不気味だ。

成長するとパソコンが普及する時代になり、ブラインドタッチを覚えようとしたが、習得できなかった。以来、ずっと我流のブラインドタッチを貫いている。これは自閉スペクトラム症の「こだわり」の特性も関係しているだろう。だから誤字、脱字、衍字《えんじ》（文字をダブって打つこと）などのタイプミスは非常に多い。大学時代はコンビニでアルバイトをしたことがあったけれど、紙幣や小銭の扱いにも苦労した。深夜から朝になるまで7時間から9時間ほど働いたあと、レジを精算するのだが、勘定が合っていることは稀だった。

大学時代から性交渉を覚えたが、この方面での困りごとは、もちろん発達性協調運動症に直結している。私のセックス事情は『ひとつにならない――発達障害者がセックスについて語ること』（イースト・プレス、２０２３年）に詳しく記したものの、不器用さについてはそれほど詳しく書かなかったように記憶している。しかし弁明しておくが、私は性交渉の際に、相手の体を乱暴に扱ったりすることはない。じぶんに感覚過敏があって「痛がり」なので、それを基準にしながら、相手をそっと優しく扱うことを心がけている。むしろ私は思うのだが、なぜ多くの人はザツに他者（つまり私）の体の敏感な部分を触ろうとするのか、と不思議に感じてきた。

大学時代などに、その後の人生に備えて自動車の普通免許を取得する人は非常に多い。私は親の援助を受けられない状況だったので、免許の取得を見送った。しかし親の援助がないからとか、じぶんでも充分な貯金がないから、というのはじぶんに対する弁明でもあった。ふだんから歩くだけであちこちにぶつかっていた私は、じぶんがハンドルを握って車を運転するのは危険すぎると考えた。自転車を運転していてすら、危うく大事故になりかける経験をしたことがある。幸いにその頃から現在に至るまで私が住んでいる京都では、車を運転する習慣がない人が珍しくない。この街ではバスや自転車が中心的な移動手段なのだ。大学教員という仕事も、車の運転が必須というものではなかったことは幸いした。もっとも国内外でべつの街に行ったときに、車を運転できたら便利なのにと考えることは折々あるのだけれども。

人生をつうじて、身体の訓練をする機会は人一倍多かったから、それによって不器用さがやわらいだという場面だって少しはある。私は現在、ボタンを留めたり、着替えをしたり、靴紐を結んだり、ネクタイを締めたりという作業に、大きな困難を感じない。しかし、どうしてもいまでも克服できない不器用さもある。食事をとるときに、なにもこぼさずに食べることは、私にとって非常に難しい。トイレで排尿するときに、便器の周囲を汚さずに用を足すことも難しい。これらは発達性協調運動症の問題に、注意欠如多動症による注意拡散の特性も絡まってのことだろうと思われる。

それでも、発達性協調運動症に関する最大の困難は、すでに私のもとから去ってしまっているとも思う。それは、行動するたびにどこかにぶつかったり、転んだりするというリスクのことだ。子どもの頃から、歩くこと自体が苦労の種だった。スキップやダンスなんかはうまくできないままに成長した。小学生や中学生の頃、クラスメイトの男子たちは階段を巧みに2段飛ばしでおりていたが、私がやると転落事故につながった。しかし発達障害の診断を受けてから、私は私が「障害者モード」と呼ぶものに開眼した。じぶんを障害者として自己受容することで、かんたんに言えば私は40代で後期高齢者のような身体能力の持ち主なのだと思いなす生活を始めたのだった。つまり自己意識のありようを要介護老人として全面的に更新したのだ。そうすると、私は「人並みの体さばきで行動する」という無謀な冒険と手を切ることができた。慎重にゆっくりと動くようになった。結果として、当然ながら体をあちこちにぶつけたり、転んで怪我をしたりすることはほとんどなくなった。私はついにふつうに歩ける人間として新たに生まれ変わったのだ。

コラム1　野比のび太とダニエル・ラドクリフ

私は子どもの頃から、藤子・F・不二雄の『ドラえもん』に並々ならぬ好意を抱いてきた。私が生まれた1979年に大山のぶ代がドラえもんの、小原乃梨子がのび太の声を担当するアニメ版が始まり、国民的な作品となっていった。小学生の半ば頃に「藤子不二雄」の名義を共有していた藤本弘と安孫子素雄がコンビを解消し、前者が当初は藤子不二雄Ⓕ、のちには藤子・F・不二雄と名乗るようになり、後者が藤子不二雄Ⓐと名乗るようになった。私は両者の作品がどちらも好きで、前者を愛をこめてたんに「F」と呼び、後者も同様にたんに「A」と呼んできたが、彼らの全作品でなにがいちばん好きかと問われれば、多くの「藤子ファン」と同様に、それは『ドラえもん』ということになる。

ドラえもんが出す未来の道具に込められた夢、Fの洗練されきった描画とコマ運びのセンスなど、マンガ版の『ドラえもん』の水準の高さは、さまざまな人によって語られつくしてきたが、私にとって大きかったのは、なんといってものび太の不器用さだった。注意散漫で勉強ができず、極度の運動音痴。私には得意な科目もあったが、できない科目は壊滅的だったので、のび太に共感することができた。のび太が運動音痴だということは、子どもの頃の私にとって大きな慰めだった。そして、それゆえに私はのび太が拳銃による射撃の天才で、とくに映画になるとその能力を活用して強敵を倒していくのを、非常に冷淡な思いで眺めたものだった。人並外れて不器用な少年が無敵の攻撃力を誇る、というのは私の人生には考えられないことで、私は映画でのび太が大活躍するたびに、「なんてご都合主義的なんだろうか」とため息を吐いていた。

発達障害に関する知識を豊富に有するようになった私は、いまのび太の不器用さについて、かつてよりもずっと高い解像度をもって理解することができる。注意散漫なのび太には、おそらく注意欠如多動症の特性が備わっているのだろう。そして発達性協調運動症も併発しているが、粗大運動の障害はあるものの、微細運動には障害がなく、むしろ手先は人並外れて器用なのだ。のび太には、拳銃の射撃だけでなくあやとりの天才という一面もある。おそらく、これらののび太の設定には、F自身の特性も反映されているのではないか。実際、Fは天才的なマンガ家だったのだから、手先を使った微細運動に関しては、のび太と同様に抜群の能力を誇っていたものとの推測が成り立つ。またF作品に似たようなものが多いことや、独特の様式美については、自閉スペクトラム症者に見られる「同一性保持」への「こだわり」という特性が関わっているのではないだろうか。

ここでいきなり話は変わってしまうのだが、私が大学生の頃、世間は突然「ハリー・ポッター」という小説シリーズについて大騒ぎを始めた。私はよくある一時的なブームに過ぎないと思いこみ、当初はそんなに関心を燃やしていなかった。しかし何年経ってもブームは収まるどころか加熱していったので、翻訳を読んでみることにした。翻訳の文章が美しくない、というのは私にとっての決定的な印象だったから、それで私の興味はほとんど消滅した。念のために映画版も観てみていたものの、大学院生として古典的な文学作品の研究に勤しんでいる私には、それほど満足感を覚えるものではなかった。いまでも私は「ハリー・ポッター」シリーズの良い理解者とは言えない。

しかし海外から配信されるニュースを追っていると、ハリー・ポッター役を演じたダニエル・ラドクリフやハーマイオニー・グレンジャー役を演じたエマ・ワトソンの人柄に対して、素朴な好意を抱くようになったのも事実だ。たとえば「ハリー・ポッター」シリーズの原作者J・K・ローリングは、最近では悪質なトランスジェンダー差別に手を染めているのだが、ラドクリフやワトソンはローリングに対して冷静に距離を置きつつ、トランスジェンダーとの連帯を謳《うた》っている。ラドクリフやワトソンがインタビューなどに答えているのを見ると、聡明な人たちだなと素直に感心する。

そのようなわけで、ラドクリフがディスプラクシア（統合運動障害）をカミングアウトする新聞記事を初めて読んだときは、心がパッと明るくなった。彼は靴紐を結ぶにも苦労しているそうだ。ディスプラクシアは、DSMの表現で言えば、おおむね発達性協調運動症に該当する。ラドクリフは「ハリー・ポッター」シリーズの映画撮影について、つぎのように語っていた。

スタントやアクションシーンは、実際すごく役に立ったよ。体の各部の動きを調整しなければならないからね。ディスプラクシアは体の動きがうまく調整できないということなんだ。中には重症の人がいて、ボールをキャッチすることも難しく感じるようだけど、僕はそこまで重症じゃない。とはいえ、僕がボールを投げる姿を見てほしいけどね。それから、物事の処理にも困難が生じる。だから、僕は情報を頭の中に取り込むのに他の人より時間がかかる。でも、トレーニングや、子供の頃からハリポタで少し体操をやっていたことが大いに役に立った。僕のディスプラクシアは随分と改善されたよ。

（ブレイディ 2010）

私がかつてのび太に励まされたように、ラドクリフの発達性協調運動症に励まされた

「ハリー・ポッター」ファンの子どもたちが世界中にたくさんいるだろうと想像する。熱心なファンとは言えない私ですら、このようなラドクリフの発言から勇気を受けとっているのだ。しかも微細運動に関しては天才的だったのび太と異なり、ラドクリフは微細運動にも困っている。「僕がボール投げる姿を見てほしいけどね」と語っていることから、粗大運動についても相当な状況なのだろうと想像される。改めて「ハリー・ポッター」の映画を観なおしてみたら、ラドクリフがアクションシーンに苦しみながら撮影に挑んでいたことを、思いうかべることになるだろう。おそらくその鑑賞は、過去に体験した「ハリー・ポッター」シリーズでは私にもたらされなかった感動を生みだすに違いない。

第3章

当事者の親へのインタビュー

本章では、発達性協調運動症と診断された子どもを育てている親の声を集めた。私がオンラインでインタビューを実施し、それを私が加工して、インタビュイー（インタビュー対象者）がひとりで語ったように成形する。そうしてできた原稿をインタビュイー本人に確認してもらい、修正の要望を反映しながら私が決定稿を作る。それぞれのインタビュー原稿に対して、私がコメントを作成する。そのような手順で制作を進めていった。結果としてインタビューと私のコメントが交互に並んでいる。

それぞれの親がたいせつなわが子のことを思い、発達性協調運動症について深く理解しながら話す様子に私は感銘を受け、温かい気持ちを味わうことになった。読者のみなさんもそれを体験してくださるならば、うれしいかぎりだ。

第1節　フジさんへのインタビュー

――作業療法士として、わが子の発達障害に気づいた瞬間

◎感覚統合キャンプを通じて、子どもの発達障害に気づく

私の名前はフジということでお願いします。奈良県に住んでいます。

私は宗教2世です。兄が不登校になって、スクールカウンセラーや臨床心理士に興味が湧きました。教義が理由で大学に行ってはいけないと言われていたんですけど、無理を通して進学して。それで心理系のことを勉強したんですけど、人の心のうちに入っていって解決する感じが合わないというか、人を外の世界につなげる仕事に就きたいと思って、作業療法士に興味が移りました。大学を卒業してから働いてお金を貯めて、国立の専門学校に行きました。

作業療法の勉強をするなかで、「感覚統合キャンプ」というものに参加する機会がありました。発達障害の3歳から6歳くらいの子を集めて4日間でした。親からは「両足ジャンプができるようになってほしい」などの要望が出て、私たちは徹夜で相談してプログラ

ムを組んで。子どもたちと一緒に遊びながら、感覚を刺激していくんです。じぶんの子どもを育てるときに、この経験を思いだして、子どもの発達障害に気づきました。

ところで感覚統合についての私なりの解釈を言いますと、感覚統合は「できないことをできるようにする」わけでも「一般の成長曲線に近付ける」ためにおこなうわけでもなくて、「この子ａの感覚刺激好きやな、でもｂの感覚刺激に対してはちょっと反応鈍いな（あるいは反対に過敏やな）、じゃあこの子の好きなａの感覚刺激の遊びのなかに、ちょっとｂの要素を入れてみよう」と考えて、そうして楽しく遊んでいるうちに、その子がじぶん自身のボディイメージの認識を高めたり、その子の世界枠が広がったりして、そうするうちに副産物として、課題だったことができるようになるかも、くらいに捉えています。

25歳のとき、結婚して、それから専門学校に入って、29歳で作業療法士（ＯＴ）になりました。私自身の発達障害の傾向は、どうでしょうか。うっすら当てはまるところもあれば、当てはまらないところもあるかなという感じですね。

夫は、自他ともに自閉スペクトラム症傾向の人です。私と同じ教団の宗教2世で、脱会者の会で知りあいました。彼は家を出て、パチンコ屋の寮に住みこんで働いていましたが、集団行動が合わなくて、トラブルが多くて。結婚したあとは、私が学生だったのでしばらくパチンコ屋を続けていたけれど、私が作業療法士として働きはじめたら、個人事業主に転じました。最初はセドリそのものをやっていて、いまはセドリ系の情報発信で稼いでいます。

◎長男のマイワールドを理解する

子どもは男の子がふたりいます。長男は小3です。この子は保育園の頃、散歩に出かけていても、好きなものを見つけると飛びだしていく子でした。マイワールドがはっきりあって、制止がきかない。それで保育園側で困っているな、集団行動のときに先生がたいへんだなと思って見ていました。

力の抜き差しが難しそうなんですね。作業をすると、首や肩などに緊張が入りすぎて、力の調整がやりにくそうに見えました。それで書くにしろ、太鼓を叩くにしろ、すぐに疲れてしまう。なかなか三輪車に乗れないとか、発達の項目で、すべて引っかかっていました。さいわいに作業療法士の知識があるから、子どもが発達障害かもということはショックではなく、冷静に受けとめることができました。

3歳半の健診のときに、そういう話をして、保育園の巡回相談に来てもらって、園長先生も担任の先生も一緒にリハビリテーションセンターまで付いていってくれました。それで4歳のときに自閉スペクトラム症の診断をつけてもらいました。

３歳から水泳の教室、４歳から体操の教室に通っています。指導が緩いところです。４歳半くらいからは、感覚統合の作業療法にも通うことにしました。リハビリテーションセンターで月に１回。１クール12回を２クールやって終了しました。小学校に入ったあとは、2箇所の放課後等デイサービスに通いました。片方は作業療法をするところで、１クールで終了しました。小１のうちに終わってしまったかたちです。

小１のときから、べつの放課後等デイサービスにも通っていて、そちらは現在でも続けています。以前から長男はタイピングに興味があって、パソコンをいじっていたこともあったので、それを本格的にやらせたいと思ったんですね。ほかに、無料のプログラミング教室があるので、それにも通っています。保育園の頃は左手を使わない場面が目立っていたけど、パソコンを始めてから改善されてきてると思います。

長男はジグソーパズルとかレゴなどが大好きでした。不器用だけど、なるべくぜんぶじぶんでやりたがる。家でかき氷を作ると、保育園でも想像しながらレゴでかき氷機を組みたてていくとか。没頭する傾向が強くて、折り紙を作っていると、その時間が終わってみんな運動場に出ていったあとでも、じぶんは出ていかない。先生が教室まで探しにくると、ひとりで夢中で折り紙を折りつづけていたそうです。雪が降って、みんなが雪合戦をしていると、ひとりでカマクラを作ったりして、「作ったよ」ってうれしそうに見せてくれて。

とくに気になったのは、大きなことを企画するんだけど、それが難しくてじぶんの思いどおりに行かないと、癇癪《かんしゃく》を起こすことでした。でも、だんだんその調整ができるようになっているかなと思います。夫はじぶんによく似ていると言って、喜んでいるので、私もこれで良いと思っています。

学校の成績はわりと良いほうです。クイズとか計算問題が好きですね。いまのところ成績が良いけど、聴覚情報処理障害があって、聞きとったものを書いていく作業なんかが苦手かなと思います。でもイヤーマフやノイズキャンセリングをつけるほどではありません。

不器用さは、だんだん改善されてきています。小さい頃から体操教室に通っていて、練習する機会がたくさんあったことは大きいです。じつは私も夫も逆上がりできないんです。私も夫も小さい頃から宗教の伝道に行くことが多くて、幼児期の運動経験がありませんでした。みんなが鉄棒でくるくる回っているのに、私にはできなくて。運動に苦手意識が出てきて、どんどん不得意になって。夫は典型的に運動ができなくて、いまでは引きこもりに近い生活です。でも長男も次男も逆上がりができます。それは練習する機会がたくさんあって、苦手意識が生まれなかったことに関係しているんだと思います。

最近長男が、鉄棒で足掛け前回りができないって言っていました。まわりから「逆上がりのほうが難しいのに」と言われて、本人も不思議に思ったようです。私が、小さい頃から体操教室で逆上がりを練習して、それでできるようになったんだよって伝えると、「そういうことなんだ」と納得していました。動きを見ているとぎこちないんですが、本人には運動に苦手意識がなくて、とても良かったと思っています。

この前はバドミントンをやっているところを見ていました。ぜんぜんうまくできないんですけど、楽しそうにやってるんで、やっぱり苦手意識がないんだと思って。こうやってできないことでも楽しめるようになるんだったら、ありがたいです。

◎長男より心配な次男の特性

次男は小１です。長男と比べようと思っていたわけじゃないけど、どうしてもじぶんのなかの基準が最初の子になっている部分があって、気になることがいろいろありました。たとえば折り紙から好きな色を１枚選んでと言うと、長男の場合は48枚すべての折り紙を広げて、１枚を吟味して選ぶ感じ。次男はいちばん上にある１枚をさっと取る感じなんです。

最初に「うーん」と思ったのは、体幹や肩、股関節などの中枢部の筋肉の張りが弱いなということ。だっこすると、ふつうは姿勢を維持するために股関節に力を入れたりするんですけど、次男はぶらーん、ぐにゃーんと脱力してしまう。ずしっと重たい感じがします。

滑り台で後ろから抱っこして、一緒に座ろうとすると、重みがどさっと来て私が尻餅をついてしまい、そのまま滑っていって、私の尾骨にヒビが入りました。

　体を支えるのが難しいらしくて、床にゴロゴロしていることが多いです。そこから来ているかどうか、はっきりはわからないけど、無意識のうちに指先でなにかを触ってることが多いんです。落ちつきがない、ＡＤＨＤ傾向と評価されてしまうところだと思いますけど、たぶん体が不安定だから、末梢《まっしょう》の手先や足先からつねに刺激を入れて、安定感を得ようとしているのかなと推測しています。赤ちゃんの頃は、誰でも物を口に入れたり鼻に入れたりすることが多いと思いますが、次男はいまでもビー玉を口に入れて誤嚥《ごえん》したり、レゴのブロックを鼻の穴に入れて取れなくなったりとかがあります。たぶん刺激の快感を求めているんだと思います。
　１、２歳の頃、星形や丸形の型はめパズルをやっていると、ガンガン叩いて、無理やり捻《ね》じこもうとしたりしていました。それで視覚の探索も苦手かなと気づきました。乗り物が大好きなので、図鑑をよく見ていたんですけど、注視したものにこだわっていて、私が乗り物を探索させようとすると、すぐに諦めてしまう。タブレットの通信教材を使っていて、信号が青になったら進む練習をしたんですけど、青のあいだに「わたる」ボタンを押してクリアするところ、見ながらボタンを押すことがなかなか難しい。

動作の予測とそれに合わせた行動がうまくできなくて、公園ではダッと走っていって、声をかけてくるので、そちらを見たら、高いところから落ちていって、血まみれになったことがありました。病院に運んで縫ってもらって、ぶじで済んだんですけど。

でも、思考の切りかえはとても良い子です。長男がなかなか切りかえられなくて、くよくよ引きずるのとは対照的です。怪我をした公園に行くと、怖がるかなと思っていたら、そうでもなくて、怪我をしたところでは慎重に動いている様子なので、彼なりに学習しているんだなと思います。

私はどちらかと言うと、長男より次男のほうを心配しています。保育園の先生からしたら、長男とは違って集団になじんでいるから安心できる子だったようですけど、次男は自尊心が弱くて、将来が心配です。絵を描いても、顔だけで棒人間なんです。それは良いんですけど、周囲の子が描くとじぶんよりうまい。それで「〇〇ちゃんはすごい、ぼくはダメだ」なんて言ってしまって。長男もすぐに次男にマウントを取りますし。

不安が強い面もあります。同じことを何度も質問してくるんです。車に乗っていても、「なんで止まってるの、いつになったら動くの」なんて訊いてきます。信号の仕組みはわかっているのに、確認して安心したいんだと思います。服のボタンを留めるのでも、長男は不器用でも絶対にじぶんでやると言って、がんばる子、次男は最初から諦めてやらない。

だから、もうちょっとスモールステップで成功体験を増やして、自己有能感を高めたいと思っているんです。

それで次男も3歳くらいから体操と水泳の教室に通っています。長男がやっていて、じぶんもやりたいってせがんでたから、チャンスだと思いました。水泳の級があがっていくのは遅いんですけど、クロールなんかでも、私が見ていたら溺れているように見えますが、先生は「派手やな！」と言うんです。『鬼滅の刃』で「こっからはド派手に行くぜ！」などのセリフがあったりして、「派手」というのは、いまの子どもにとってポジティブな印象なんですね。それで次男は「派手」と言われてうれしい。でもそういうやわらかい仕方で泳ぎ方を修正するように求めてくれる。そういう先生がいて、助かっています。

次男は長男の作業療法も見ていて、やりたいと言っていたから、これも良いチャンスだと思いました。3歳半の健診で話して、保育園の巡回相談に来てもらって、リハビリセンターに行って、発達性協調運動症の診断をもらって、作業療法に通うようになりました。長男も次男も診断はかんたんにおりました。障害者手帳をもらえるかどうかはまたべつだと思いますけど、また自治体にもよるかもしれませんが、診断名がついたことで、療育などのサービスにスムーズにつながることができました。

いまは小1ですが、文字を書くにもマスのなかに収まりにくいんです。文字を書くまえの準備段階もまずくて、筆箱の上に紙を載せて書きだそうとしたり、聞きとりの処理も独特な部分があって、「ぎゅうにゅう」と発音できますが、書かせてみると「ぎうにゅっう」みたいになってしまう。聞くのと書くのが連動していない。ポケモンのオープニングテーマにある「キミにきめた！」という歌詞に影響を受けて、何度も口に出すんですけど「ちみっちみらー」みたいな言い方になる。

次男の良いところのひとつは、人との関わりを楽しむことです。それで私は一緒に遊んで宝探しゲームをしたりして、遊びの動きをつうじて、視覚情報に対して身体をコントロールする力がついていくと良いと思っています。流しそうめんの会に参加して、箸でつまんでもらったりもですね。彼なりに成長していってくれているのを感じると、うれしいです。

◎保育園や学校の先生たちに感謝

保育園や学校の先生たちには、これまでに感謝していることばかりです。保育園の先生は作業療法の見学に来てくれたり、関心を持ってくれたので、ありがたいと感じました。小学校も、長男の過集中に声かけをしてくれたりとか、助かっています。担任との相性が悪くなると、学校に行きにくくなるかもしれないけど、これまでのところは温かく見守ってもらえています。いまの学校は、むかしより過ごしやすくなってるのかなと思います。

長男も次男も、まだ悩んでる感じがしません。親が先回りして気にしているところです。そのステージを抜けたら、どうなるかは私自身にも未知数で、いまの段階ではなんとも言えませんが、どうなることか。世の中では、発達障害の子どもたちの問題行動とされることを、「自閉スペクトラム症だから」「衝動性が強いから」「不器用だから」と一般化して片づけることが多く、もどかしさを感じます。ひとりひとりの子のそれぞれ違う言語化しにくい理由を、支援するおとなたちが試行錯誤しながら一緒に探って、子どもたちの成長につなげていけたらいいなと思っています。そのためには現場状況の整備が不可欠で、人員に余裕があり、学校や保育園・幼稚園に専門家の巡回が行きとどくといいな、そのための予算がおりたらいいなと思っています。

子どもたちには、自閉スペクトラム症だからできないとか、発達性協調運動症だからできないとかは、子どものうちに思ってほしくないんです。だんだんと、「じぶんはこういうのが得意だ、苦手だ」って気づけていけたら良いかなとは思うんですけど、苦手なはずのことも苦手なりに楽しめるようになってくれたら良いと思っています。

ひとつ世の中に思うこととしては、たとえば絵が展示されてると、相対評価に曝《さら》されてしまうんですね。「よその子と比べなくて良い」と思っていても、じぶんも子どもも周囲も比べてしまう状況にあるので、それには悩んでしまいます。誰からも比べられずに無人島なんかで生きられたら幸せかなとは思うんですけど、それは無理なこと。子どももいつまでも「小さくてかわいい」ままではないですから、この子たちが生きやすい環境を世の中に増やせていけたらな、と願っています。

フジさんへのインタビューに対するコメント

フジさんとはX（旧Twitter）で知りあった。以前から私のアカウントをフォローしてくれていて、私が発達性協調運動症の当事者かその親かにインタビューしたいので、協力してくれる人を募集したいと投稿したとき、手を挙げてくれた人のひとりだ。私が発達障害者でもあり、宗教2世でもあるということで、以前から興味を持ってくれていたという。

私の知りあいに作業療法士の資格を持っている人は何人かいて、いずれも私が発達障害の診断を受けた40歳のときよりもあと、つまり2019年以降に知りあった人たちだ。発達界隈（発達障害者とその関係者のクラスターないしコミュニティ）に所属していると、本人が発達性協調運動症という概念を知っているか知らないかにかかわらず、体の不器用さが話題になることが多いのだが――自閉スペクトラム症の特性だと誤認している当事者も多い――、作業療法の世界に足を踏みいれる人が、どのような背景を背負っているかについては、ほとんど考えたことがなかった。それでフジさんのような事例を知ることができて、見識を広げてもらえた。

フジさんへのインタビューでは、感覚統合に関する基本的な考え方に触れることもできた。作業療法の現場を見学したことがあるけれども、楽しく遊んでいるうちに、ボディイメージを更新していくものだというふうには理解できていなかった。だからフジさんに対するインタビューによって、私の感覚統合療法に対するイメージは精度が高まった。見学の際、訓練に遊びの要素があることは察知できたものの、いずれにしろ日夜訓練を延々と積みかさねていくものだろうから、厳格な考え方を背景にしているのだろうという予断が私にあった。楽しく遊びながら不器用さを減らしていく、と支援する側が考えていてくれるのなら、子どもとしても安心して感覚統合を進めることができそうだ。

フジさんのインタビューでは長男と次男、ふたりの子どもが対比的に紹介されているため、読者にとっても参考にしやすいと思う。長男は自閉スペクトラム症と診断されていて、まわりの子どもたちやおとなたちとシンクロしづらいけれども、「こだわり」の特性を発揮して、粘り強い忍耐力によって底力を伸ばしていっている。次男は発達性協調運動症と診断されていて、ＡＤＨＤ傾向もあり、なにかをやりとげることに困難を感じることが多いけれども、優しい気立てを持っていて、また気持ちの切りかえも早い。個性がかなり異なる兄弟ということになるものの、親に発達障害や感覚統合の知識があるから、安心できる環境に包まれて成長しているのだろうと思いつつ、話を聞かせてもらった。

フジさんに専門家としての知識が備わっていたことで、ふたりの子どもは早くから診断を受けることができた。加えて、早くから水泳や体操の教室に通い、苦手な運動を練習できたことは、ふたりの子どもの人生にとって利益が大きかったと思う。フジさんもフジさんの夫も、逆上がりができないと語っていた。しかし自閉スペクトラム症の長男は逆上がりをクリアできたというのは、適切な指導にもとづいた訓練あってのことだろう。バドミントンがうまくないのに、楽しそうにプレイしていて、苦手意識を感じていないというのは、私のように運動に対する劣等感にまみれた人間にとっては、じつにうらやましく感じられる。パソコンに興味があるからということで、タイピングで指先の器用さを鍛え、プログラミングの勉強をすることができたことは、とりわけずっと先まで大きな意味を持ちそうだ。

フジさんが長男くんよりも心配しているという次男くんは、体を支えるのが苦手で、床でゴロゴロしていることが多いという話だった。私は私自身を重ねながら聞いた。私も子どもの頃から現在に至るまで、床でゴロゴロしながら人生の大半のときを過ごしてきたからだ。しかし、それが指先での刺激の快感を求めることに関連していると考えたことがなかった。だからフジさんのその指摘によって認識を更新してもらえた。私もいつもなにかをひっきりなしに触っていることが多いのだが、それが身体感覚の寄る辺なさに関係しているとは、ずっと気づけないでいた。私は座っていても寝ていても両足をガタガタと揺らして貧乏ゆすりを続けているのだが、おそらくそれも身体感覚の希薄さに関係があるのではないか、と想像できるようになった。

フジさんの次男は公園で遊んでいて血まみれの怪我をしたのに、それをトラウマ的な記憶とせずに、いまではケロッとしている、とのことだった。他方で自尊心が弱くて、自己卑下に陥ってしまいやすいという話だった。ある一面ではあっけらかんとしているのに、べつの一面ではくよくよしがち、というのは子どもの頃の私もまったく同じだった。自尊心を高めるためにスモールステップを重ねたいというフジさんの考え方に対して、私はもちろんなんの疑問も抱かない。スモールステップは発達障害の子どもの療育で好んで使われる用語だ。水泳の教室で、担当のコーチが『鬼滅の刃』に絡めた仕方で、「派手」という言葉を使いながら明るく指導してくれるというのは、素晴らしいと思った。このような深い理解のある親や指導者たちに、私は人生でほとんど出会えなかった。フジさんの場合は、宗教2世としての過去の経験が、つまり親のせいで苦労に満ちた子ども時代を過ごしたという経験が、ふたりの子どもになるべく健全な環境を与えたいという思いをもたらしているのかもしれない、と私は推測する。

保育園や学校の教師から理解ある助力を得られた、とフジさんが認識していることについても、勇気づけられる。おそらくそれは、フジさんの子どもたちがそのような良質な教育環境にたまたま恵まれていた、つまり運が良かったということではない。フジさんが専門的な知識を身につけているから、先生たちに対して巧みに支援の必要性を説明することができ、配慮を得られたという可能性が大いにありそうだ。他方で、そのように支援を受けることができても、フジさんが懸念していることはあり、それが世間のステレオタイプということになる。発達障害の子どもに関する世間の認識は高まってきたが、それによって逆に、自閉スペクトラム症の子どもは、あるいはＡＤＨＤの子どもはこんな感じ、という固定観念も流布してしまった。それに対してフジさんは「もどかしさ」を感じていると語っていた。

世の中には、フジさんのように発達障害の問題に明るい親が増えている一方で、世間の理解は、まだまだ彼らに追いついていない。世の中の多くの人は、発達障害の問題について多面的に理解しているわけではない。そのような状況のなかでフジさんの苦闘は続く。私はそのような親たちと、ともに苦闘していきたいと考えるひとりだ。

第2節　エフくんのお母さんへのインタビュー
――この子の特性を受け入れるまでの葛藤を超えて

◎私たちの家族とエフの特性

きょうは小学4年生の息子、エフについて話します。私たちは近畿地方のとある県に住んでいます。夫と私と、お兄ちゃんとエフの4人で暮らしています。

夫は「いまの時代に子どもだったら、診断がおりていたかも」という感じの人です。小学校低学年の頃、じっとしているのが難しく、よく教室を出ていたようです。それでも現在では社会生活にこれと言って支障なく、一緒に暮らしていても、発達障害的な特性を感じることはほとんどありません。

私は子ども時代、左利きを右利きに矯正させられたからか、左右の識別に困った時期があって、行動にちょっとした支障が出ることがありました。箸を使うのは左手、文字を書くのは右手です。おとなになってから脳のＭＲＩで調べたところ、右の脳に嚢胞《のうほう》があって、それが行動に影響したかもしれないと医師に指摘されましたけれど、現時点ではじぶんの言動がそれほど発達障害的だとは思いません。

私の左右の識別が困難な傾向はエフに遺伝しているらしくて、この子も箸を左手で、鉛筆を右手で使います。診断としては自閉スペクトラム症と発達性協調運動症ということになります。

◎障害受容への長い道のり

生まれてすぐに気づくような異常はありませんでした。でも1歳くらいで歩きはじめた頃に、よくこけているのが気になりました。それから、物を口に入れたときに、なかなか飲みこめないんです。ご飯を頬のはしっこに溜めた状態が何分も続くことがよくあって。いまでも好きでない食べ物のときは、口のなかに入れたままになることが多いです。おむつが外れるのが遅くて、５歳になってようやく取れました。

３歳のとき、保育園の担任の先生から、ズバリ発達障害という言い方ではなかったのですが、ほかの子たちと違うかも、ということをやんわりと指摘されました。心理士／心理師に相談されてはどうですかとも言われまして。実際、運動している様子に違和感がありました。お箸がなかなか使えるようにならない。鍵盤ハーモニカみたいにマルチタスクが必要なもの、吹きながら指を動かして演奏するということなんかが、非常に苦手でした。

ほかの子と一緒に遊ばず、スッとどこかに行ってしまう。そういうことが3歳くらいからだんだん目立つようになりました。

私はすぐにこの子が変わってるということに納得できたわけではありません。かなりインターネットで調べて、やっぱりそうなんだと思って、折りあいをつけるのに半年くらいかかりました。やはり葛藤があったんです。

それで5歳のときに、児童福祉センターに相談してみました。でも非常に予約が多くて、担当者が言うには診察まで2年待たなければいけないと。そんなに待てませんから、べつを探すと、さいわいに近所の病院から1ヶ月後でも診察OKと言われました。この子の父親が連れていってくれたんですが、ほぼ検査になりませんでした。嫌がってしまって、検査というかたちに持っていけない。泣いて、「嫌だ、嫌だ」と言う。それで先生は、その様子で診断をくだしたようです。検査しなくてもわかるようなレベルだったということだと思います。

診断がおりたあとは、まず保育園に配慮をお願いしました。ちょっとしたことの工夫ですけど、だいぶがんばっていただいたと思います。食べるときの飲みこみが遅いので、口に詰めこまないように指導していただいたりとかです。

地元の自治体の児童福祉センターに療育制度があったのですが、これもたくさんの子で埋まっていて、半年待ちと言われたので、民間の療育サービスを利用することにしました。年長さんの4月から1年間です。挨拶の仕方、手を挙げて発言する方法などを練習しました。同じような症状の友だちと作業療法をしたりとか。ハサミ、ノリを使って工作する、積み木を組みたてたり、などですね。一通りの療育を受けました。

それから、イヤマフをして過ごすようになりました。電車の音なんかがつらいと言っていて。でも最近、4年生になってから、「もうぜんぜん大丈夫」と本人が言って、つけるのをやめてしまったんですけど。

小学校に入る前に心理テストを受けたのですが、特別支援学級の認定がおりなかったんです。ＩＱが基準より上ということでした。それで通常学級に通うことになりました。

◎学校生活の壁に直面するエフ

小学校に入ったら、担任の先生からは、よく電話をもらいました。みんなと一緒に行動できない。廊下に出ていく、中庭まで逃げる、校長先生が探しにいく。教室の隣にフリールームがあって、いわゆるクールダウン用の部屋ではないんですけど、そこを使ってじぶんでクールダウンすることが多かったようです。じっとしているのが難しいんですね。

それからこの子には場面緘黙《かんもく》もあって、当てられても答えられないんです。思わず黙ってしまう。固まってしまって、コンピューターがフリーズしたみたいな状態になってしまいます。

勉強に関して、全体のことで言うと、字を書くのが難しいので、ノートがうまく取れません。ゆっくりだったら書けるけど、いまでも苦労しています。

得意科目は算数です。小さい頃から数が好きでした。車のナンバープレートをじっと見ていたりして。足し算や引き算を早くに習得できました。入学前に公文式に通っていたんですが、ほかのお子さんよりも習得が早かったです。小学2年生のときには、小学6年生レベルの計算ができました。でも、一部の領域で早くに進みすぎても、かえって勉強のバランスがぐちゃぐちゃになるのではと考えて、公文式はやめてしまいました。

いまは中学受験を考えているので、塾に通うようになっていて、やはり算数を伸ばしていこうとしているところです。塾の先生が発達障害のお子さんをたくさん見ているので、安心して任せることができています。

それから、小学3年生から学校で教えられる英語が、本人は楽しいみたいです。公文式のときにもやっていて、小2のとき、英検4級を取りました。デュオリンゴというスマートフォンのアプリがあって、それで毎日英語を勉強しています。

文字にも興味があって、漢和辞典を読んだりしています。でも手先が不器用なので、テストで記述式の問題が出たら、解答せずに投げだしてしまいます。学校で出される作文の宿題は私が代筆しています。

１・2年生の生活科が、3年生から理科・社会になりました。理科には苦労しています。範囲が広くて、目まぐるしく変わっていくように感じるみたいです。それから実験などから始める「調べ学習」のやり方が向いていないようです。むしろ、昔風の「知識ありき」で解いていく方法が合っていて、塾のやり方を気に入っています。社会のほうはまあまあですね。以前は苦手にしていましたが、塾用の問題集を何度も解いているうちに、だいぶ克服したようです。

体育に関してですが、まずエフは体幹が弱くて、体が硬いんですね。ふだんから猫背になりやすいです。ですから体育の時間、体操やダンスなど、見て真似るのが難しいです。鉄棒で逆上がりはできません。前回りは以前できたけど、まだ怖いもの知らずだったからみたいです。いまは怖くてできないそうです。

球技も苦手です。サッカーボールを蹴ることはできますが、チームプレイはできません。ドッジボールは、いつも外野にいるようにしているようです。野球とかはあんまり。縄跳びはちょっとだけ。跳び箱は6段跳べるようですが、ほかの子は7段とか8段。学年相応のところをクリアするのが難しいです。

学校のクラブでは、室内で球技をするものに入りました。ひとりでボールを使って遊んでいるのが楽しいと言っています。ほかの子たちがやっているバレーボールやバスケットボールができるわけではありません。

音楽に関しては、リコーダーをほぼ吹けません。運動障害の子のための練習用の笛を買ったのですが、対応が少し遅くなってしまって、学校ではもっと難しい曲を習っているのでついていけないようになってしまいました。いまではエフは笛が嫌いだと言っています。それから場面緘黙があるので、みんなと歌うのをとにかく嫌がっています。

図工の時間は、ハサミがじょうずに使えません。ノリで指がベタベタになってしまうのを嫌います。絵を描くと、いわゆる「棒人間」を描いてしまいます。ようやく最近、肉付きのある体を描くようになってきました。学年相応から見ると3、4年は遅れているようです。

授業になかなか参加できないので、成績表は悪いです。3段階評価で算数と社会が2、ほかはぜんぶ1。「ぼくはできないんだ」とじぶんを卑下するような発言も多くなってきました。

◎ソーシャル・スキルズ・トレーニングと学びの環境整備

授業を受けていないときは、教室においてある学校の本を読んでいることが多いようです。だいたいはマンガです。「実験対決」シリーズ（ストーリーa. 文／洪鐘賢 絵、全48巻〈2024年8月現在〉、朝日新聞出版）は全巻読破したと言っていました。

父親の影響があって、家では『ドラえもん』とか『21エモン』とか藤子・F・不二雄のマンガを好んで読んでます。戦前のマンガの『のらくろ』をなぜかおもしろがっていたこともあります。そういう、いまどきにしてはニッチな趣味と言いますか。だからマンガの文法みたいなものは、理解できているんだと思います。

週に一度だけ、他校の先生が通級（通級指導教室）の授業に1時間来てくれて、マンツーマンでＳＳＴ（ソーシャル・スキルズ・トレーニング）をやってくれます。学校では、それだけが楽しみのようです。校長先生を経由して頼んで、小学2年生の秋から来てもらっています。

やっていることは、ルール決めのロールプレイなどです。既存のルールとじぶんのアイデアの擦りあわせ、折りあいをつけていく訓練。たとえばトランプゲームだと、まずは既存のルールで遊んで、そのあとエフが考えた独自のルールで遊びなおす。カードを上からでなく下からめくるとか、5枚でなく10枚配るとか。

入学以来、放デイ（放課後等デイサービス）にも通っています。いまは週に3回です。ふだんは学校の宿題をして、あとはおもちゃやボールでひとり遊び。みんなで遊ぶことはできません。週末はあちこちにおでかけして。イベントがある日は、料理の練習をしたり、アニメのDVDを見たり。

放デイはうまくいってると思います。少なくとも本人は嫌がっていません。話の会う友だちが少しだけできて、人付きあいができるようになりました。集団生活にフィットできるようになったとかではないけど、しっかりした居場所になっています。

ほかに、診察をしてもらった病院に年に数回、作業療法の訓練に通っています。体さばきのバランスの悪さや手先の不器用さを直すためです。

エフの趣味に関しては、マンガのほかに、ゲーム。いまは『パルワールド』という、『マインクラフト』と『ポケモン』を足して2で割ったようなゲームにハマっています。捕まえたモンスターに農作業をさせたりとか、そうやって遊んでます。あとは先ほども話題にしたアプリの「デュオリンゴ」で英語を覚えるゲームをして。

家族でのレクリエーションは、外食に行ったり、温泉に行ったりが多いですね。食べ物の好き嫌いはたくさんあるわけではないです。苦手な食べ物はグリーンピース、大豆、とうもろこし。食べカスが歯に挟まるのが気持ち悪いみたいです。でもにんじん、キャベツ、ブロッコリーなどは食べます。あっ、トマトは食べられないですね。給食はそこそこ食べているようです。

学校に友だちは少しはいるそうです。でも「何についてしゃべっているの？」と尋ねると「わからない」と答えます。すぐに「わからない」と答えることが多いんです。しゃべってはいるけど、覚えていないみたいです。

小3のときは学校嫌いになって、不登校気味でした。小4のいまも、担任の先生と合わなくて、いつ不登校になってもおかしくないかなって思ってます。50代の男の先生で、昭和的な熱血指導なんです。集団行動を重んじる人。エフは居場所がないと感じていて、転校なども視野に入れています。

とにかく通知表が悪いので、公立の中学に進むと高校に入るときに苦労すると思います。ですから高校受験をしなくて済むように、中学受験をして、中高一貫のところに行かせてあげたいと思っています。

将来の夢に関しては、まだなさそうです。私としては、とりあえず自活できたらいいなあ、みたいに思ってますけど。

エフは、一見わがままに見えると思うんです。マイルールへのこだわりが強いですから。でも場を乱したいわけではなくて、そういう特性なので、それをよりたくさんの人にわかってほしいなと思っています。１００％受けとめてくれとは言いませんから、せめて擦りあわせに協力してくれたら、ありがたいと思っています。

学校生活は、集団のなかで生きていかなければいけないから、エフみたいな子はたいへんです。こういった子でも居場所ができるように学校の仕組みが変わったら、とても良いなと思います。将来はもっと、この子が自由にやりたいように暮らせたらいいんですけど。

エフくんのお母さんへのインタビューに対するコメント

エフくんは自閉スペクトラム症および発達性協調運動症と診断されている。左右盲もあるとのことだが、これもやはり発達障害と関係があるものなのだろうか。少なくとも私も左右盲の当事者だ。「右」とか「左」とか言われても直感的に理解できない。食べるときに箸などを持つ手を想像し、そちらの側が右手なので、「左」はそれと逆の方向、と数秒のあいだ思考しないと、「左」がどちらなのか判断をくだせないのだ。エフくんの場合も私の場合も、左右盲が発達性協調運動症に合わさることによって、運動能力がますます低下していると考えられる。

エフくんは体幹が弱くて、関節も硬く、猫背になりやすいとのことだった。体操やダンスを真似て習得するのも難しいと語られていた。そして逆上がりができない。いずれの弱点も私自身と同じだ。前回りはかつてできたものの、あとから怖くなってしまったとのこと。私もいまでは前回りを怖いと感じてしまいそうな気がする。

球技が苦手でチームプレイはできないけれども、ひとりでボール遊びをするのは楽しいと感じるそうだ。私もおおむねそのような具合だった。ひとりで遊んでいたら、失敗して気まずい思いをすることもなく、仲間外れになったり、いじめられたりすることもない。だから子どもの頃の私は、ボール遊びはひとりでやるのに限ると思っていた。いや、いまでもその認識は原則として手放していない。

跳び箱は6段跳べるというから、小学生時代の私に比べると、エフくんのほうがマシかもしれない。私は最高で4段だったことを覚えている。いま挑戦したら、さすがに6段をクリアできるかもしれないとは思うけれども。

リコーダーを嫌になってしまったというのも私と同じだ。他方、絵に関して私はかなり強い興味を抱いていたから、色の塗り方がヘタだったことは先にも述べたとおりだが、形態をそれなりに捉えることは得意で、「絵がうまい」と錯覚されることが時々あった。それでも私が特別に表彰されたり、コンクールに出品されたりということは一度もなかった。

エフくんのお母さんが、「私はすぐにこの子が変わってるということに納得できたわけではありません」と語ったことに、私は不思議な感動を得た。事前に発達障害に関する知識がなかった場合、親としては「障害」という言葉に対して、当然ながら強い不安を覚える。そのような時期を超えて、子どもの支援に積極的に関与するようになっていったエフくんのお母さんに、私は全面的な尊敬を抱いてやまない。

インタビューでは、診断や療育を受けるにあたって、自治体の児童福祉センターが予約で埋まってしまっていて、なかなか対応できる状況ではなかったことが語られていた。発達障害の子どもを育てる多くの親が、同じような事態に直面している。民間の病院・クリニックや療育サービスが代替の受け皿になった例として、エフくんの事例は悩める親にとって参考となるはずだ。

エフくんは算数が得意、英語にも興味が強いという話を聞いて、私は改めて発達障害者の多様性に思いを馳《は》せざるを得なかった。私には限局性学習症の算数障害の傾向があり、算数や数学は不思議なくらいわからなかった。自閉スペクトラム症の「こだわり」のせいだと思うけれども、小学校時代に「国語」を得意になった反動として、中学校から習いはじめた英語に対して、長らく反発を感じていた。算数に関する弱点は、ついに解消されなかった。しかし海外文化への関心を高めていった結果、いまでは私は英語を聞き、話し、読み、書くことができる。

これも自閉スペクトラム症の「こだわり」が、途中からそちらの方向に進んでいったということだと思っている次第だ。

　自閉スペクトラム症の特性は厄介なものだが、エフくんのお母さんが的確に指摘するように、エフくんが——もちろん私もそうだが——マイルールにこだわるのは、場を乱して他者を不快にさせたいからではない。生まれつき脳にそういう特性が備わっているだけのことなのだ。その特性が強みになる局面もある。エフくんが戦前のマンガをおもしろがっていた、という話題が、インタビューをしている私にとっては、いちばんニヤリとさせられた。小学生時代の私も、何十年も前のマンガをたくさん読んで、現代のマンガとの違いに心を奪われたことを思いだす。古いマンガへの関心が昂《こう》じて、高校生の頃には研究的な関心を持ってマンガ文化に向きあうようになって、結果的にその関心が私に「物語というものの秘密を明らかにしたい」という動機を芽生えさせ、私に文学研究のプロとしての道のりを歩ませた。

　発達障害があって、多くの子どもたちと異質な人生を生きることは、どこまでも続いていく、疲れはてる日々に苦しむということだ。エフくんに場面緘黙があること、本来的にはクールダウンに使うのではない空間をそのように使用して、なんとかじぶんをメンテナンスしようとしているという話が、私の胸に迫った。小さかった頃の私も場面緘黙で困り、人気がない場所にさまよいこむことで、ひとりぼっちになろうとしょっちゅう試みていた。

発達性協調運動症の子どもが、世間から潰されないようにするには、保護者が環境を巧みに調整する必要に迫られる。エフくんのお母さんは、通級の授業でエフくんがＳＳＴを実施してもらえる環境を作る、エフくんが放デイに通うようにしてあげるなどの配慮を進めた。それらの努力にエールを送りたい。そして、それでも、そのような環境整備は、理解の低い教育者によって、かんたんに壊乱されてしまうという事実が存在する。「昭和的な熱血指導」で集団行動を重んじる担任教師にあたったこと、それがエフくんにとって負担になってしまったという話には、ため息が出る。１９８０年代当時、私が苦しんだ学校社会のままだということに絶望を覚える。あれから30年以上が経っているというのに、情けないことだ。

エフくんのような生徒に適切な理解が示されず、通知表の成績が悪くなってしまう、という話も悲しく聞いた。エフくんのお母さんが、高校に入るときに苦労するだろうと見越して、中学受験をして、中高一貫の学校に通学させてあげようとしていることに勇気づけられる。エフくんの学習環境が、発達障害に対する正しい理解に包まれたものになってくれますように。

私が子どもからおとなへと成長していった時代、私は親からも学校からもなんの配慮を受けることもなかった。私だけのことではない。20世紀まで、ほとんどすべての発達障害の子どもが、そのような状況で成長せざるを得なかった。私はいまかつての苦しみを思いだしながら、エフくんの前途が明るいことを、祈るような気持ちで見守っている。

第3節　サクラさんのお母さんへのインタビュー

――まわりの子は気にせず、じぶんの子だけを見つめて

私、夫、娘のサクラの三人家族で、名古屋に住んでいます。

夫の母から、夫の小さい頃の話を聞いていると、発達障害があったんだろうなと思います。家族で出かけていても、目的地が決まっていたら、さっさと移動して、先に到着している。「辻褄《つじつま》があえばいいんでしょ」みたいな考え方をしていたみたいです。私はレストランでパートリーダーとして働く日々です。私自身には発達障害の傾向はないかなと考えています。

◎抱っこをしても、安定しない

妊娠しているときにエコーの検査をして、ダウン症かもしれないと言われました。「障害があろうがなかろうが産みます」って選択をしたので、生まれたあとに発達障害がわかっても、驚きませんでした。

抱っこをしても、安定しないんですね。ふつう自然に力が入って安定するものですが、

それがなくて。こっちが両手で支えつづけないといけない。片手で抱っこしながら家事、みたいなことができませんでした。

◎「じぶんの子どもだけを見つめて」

最初は３ヶ月健診で引っかかりました。ふつうのお子さんは上体逸らしやお座りができる頃ですが、この子にはできなかった。半年健診のときにもダメでした。それで日赤病院に行って、検査を受けて発達性協調運動症と診断されました。

１歳から保育園に入りましたが、ハイハイでは動けても、立ちあがるのが難しくって。夫が壁づたいで歩いて見せると、真似するけど、なかなかたいへんなんです。１歳から地元の病院に通うようになって、感覚統合の訓練を受けました。

噛む力も極端に小さくて、食べ物をするのも難しい。たとえば、うどんでも小さく切り刻まないといけませんでした。３歳くらいまで、ベロに絡めて、口の中に入れて、咀《そ》嚼《しゃく》ができないまま、丸呑《の》みみたいになってしまって。保育園でも小さく切らないと、危なくて食べさせられないとのことでした。

指先が器用に動かせないと指摘されました。指の関節を一個一個うまく使えない。多少なりとも曲がるけど、道具を使うところまではいかなくて。食べるときはスプーンやフォークでやっていました。いまでは箸を使えるようになっていますが、ぎこちない感じです。服に関しては、かんたんに着脱できるものを選んでいたので、大きな問題にはなりませんでした。服の端をたくし入れたりするのが難しそうです。

それからスキップができませんでした。体を順番に連動させるのは、いまでも難しい。ボールを投げるときは、手首だけで投げてしまう。肩を動かすときは肩だけ動く。体幹を使わないんですね。

病院では、「まわりの子はどうでも良いです、じぶんの子どもだけを見つめて」と助言されました。それで、そのとおりにしてきたつもりです。発達障害の本を読んだとか、そういうことはありません。絵本を読み聞かせたり、一緒に遊んだりしながら、この子を知るということを繰りかえしてやってきました。

3歳のときに自閉スペクトラム症と診断されました。あまりに集団行動ができなくて。ギャン泣きがひどくて、残り1年で退園させられました。それで公立の幼稚園に移ったんです。

でも偶然に先生がとても良くて。たとえばプールに入ると、この子は水で遊んでいたくて、出たくないって言うんです。そしたらその先生は、延々とそばにいてくれて、この子が納得して、落ちついて話を聞けるようになるまで、付きあってくれました。

そういう出会いがあって、この子はその1年で大きく変わりました。たとえば列に並べるようになりました。最後にその先生から「忍耐のいるお子さんでした。ここまで自閉症がきついお子さんは、初めて担当しました。でも、そのぶん勉強になって楽しかったです」と言われたことを覚えています。

この子は聴覚にも困難があります。人混みだと、ほとんど聞き取りができなくなりますし、ふだん話していても声が大きい。イヤーマフを付けていたんですけど、外でしていたのは保育園まで。まわりから気にされるのが嫌だったみたいです。家では小3までくらいでやめましたね。

いまでもそうなんですが、初めて行く場所は落ちつかなくて。どういう場所か事前に説明していても、じぶんから行きたがった場所であっても、想像以上に賑やかだったりするので、いろんな情報が頭のなかで炸裂《さくれつ》して、泣きはじめたり、どこかに走って行こうとしたり、帰りたがったりです。この前もＵＳＪに行きましたが、ずっとそわそわしていました。興奮して、じぶんをコントロールできなくなってしまうんです。

◎合理的配慮を得られるかは、担任次第

小学校に入って、成績は良かったです。国語がいちばん得意でした。もっと小さい頃、絵本を読み聞かせていて、最初は見向きもしなかったし、発語も遅かったんです。でも根気よく本を読み聞かせているうちに、だんだん興味を持ちはじめてくれました。小学校に入ったら、なんでもいいから片っ端に読むようになりました。新聞、チラシなども含めて。どんどん物語が好きになって、『銀河鉄道の夜』や『ハリー・ポッター』を読むようになりました。高学年になるとおとなが読むミステリーにも手を出すようになりました。伊坂幸太郎とか東野圭吾。

それから音楽も得意でした。ほんとうは指先が不器用だったんです。でもリトミック（音楽に合わせて体を動かして、表現力や情操を向上させる教育法）を受けさせてみたら、初めてじぶんから集団に入っていったということがあって。それにピンときて、音楽を始めさせました。３歳からエレクトーンです。５本指がうまく連動しなくて、かなり努力は要したんですけど、いまではちゃんと弾けるようになっています。

でも図工はほんとうにダメですね。ハサミなどを使うのが難しい。どうしても動かせないみたいです。じぶんができる範囲のものを申し訳程度に作って終わる、という感じです。

体育の時間、逆上がりはできませんでした。前回りはできるけど、回っているというより落下する感じです。プールでは水でチャプチャプしている程度。何回も立ってしまって、10メートルも続かない感じ。50メートル走の時間はすっかり諦めて、開きなおっていました。私も「体育は捨てなさい」「できなくていいよ」って言ってました。劣等感を持たないように育ててきて、それは成功していると思うんです。

病院からのお勧めで、自転車に挑戦しました。でも転んで恐怖心がついてしまうんですね。それで「乗りたかったら乗ったらいいけど」、というくらいの扱いにしました。それでも本人が「乗れたほうが楽だな」とわかってきて、練習を熱心にやるようになりました。それで自転車はなんとかクリアしたんです。でも全身を使う運動は、難しいものが多かったですね。どうしても怖がってしまうことが多くて。

学校の授業では、じっとできないことが多かったです。同じ姿勢が維持できないんです。授業参観のときに見ていても、そわそわして窮屈そうにしています。

話すと声が大きくて、本人は意図していないんですけど、意味の取り方が独特すぎて、まわりが理解してくれない、それで、たくさんの友だちに囲まれてはいなかったけど、でもこぢんまりした人間関係なら築けていました。休み時間には、ずっと本を読んでいました。友だちとは会話が続かなくて、相手の言葉が聞きとれない。キャッチボールができないんです。

合理的配慮に関しては、担任の先生に知識がある場合は、柔軟に対応してくれました。空気が読めない子ですから、朝のホームルームの時間に、どういう順に行動したら良いのかを黒板に書いてくれて。でも4年生のときだけ、まったく知識のない先生に当たってしまいました。「本人のためにも、空気を読めるようになって、行動できるようにならなくちゃいけません」と言われてしまって、困りました。

その学年のとき、先生の保護が薄かったからか、いじめもありました。きっかけは、授業で手を挙げる前にこの子が答えを言ってしまう癖です。わかったことがうれしいから、答えを口走ってしまうんです。それでターゲットにされて、悪口ノートを作られてしまいました。でも、「そういうことをやっちゃいけない」と考えてくれる子たちがいて、助けてもらいました。

わかるのが楽しくて答えただけで、いじめになって、本人はそれがショックで、わかっていても手を挙げなくなってしまいました。発表する機会があっても、辞退するとかになりました。ほんとうは、本人はやりたいようにやりたい。わかることはわかると堂々と言いたい。そういう環境を与えてあげたくて、中学受験を選びました。

◎「多様性」の時代に求められる学校とは

ぶじに中学に受かって、入学して、すぐ隣の席の子が東野圭吾を読んでいたんだそうです。それでこの子はとても喜んで。ほかにも、マニアックな石の種類にこだわっている友だちがいたりとか。うちの子は石に興味があるわけではないんですけど、そういう変わった子がいるのがおもしろくて、安心するみたいです。友だちとは好きなマンガの話をしたりしてるみたいですね。『呪術廻戦』とかです。わりと難しい内容のマンガだと思うんですけど。

じつは毎月、学校から電話がかかってきます。学校の授業中、パソコンで勉強をしているんですけど、モニターでマンガを読んでいた、なんて教えていただいて。成績が抜群だったらともかく、中学に入ったら難しいことも増えて、そんなに優秀というわけでもないから問題になってしまう。それから、やはり初めて体験するイベントが苦手です。頭がいっぱいになっちゃって、学校の提出物を忘れる、授業中は上の空で教科書を開かない、などとなります。

1年生のときの担任の先生は、もともと支援級を担任されていたそうです。それで、この子をほかの教科の先生から守ってくれました。こまめに個別相談をしてくれて、この子がわかってること、知ってることをわーっとしゃべってしまうと、先生は「聞いてほしかったら、相手の話もちゃんと聞こうね」と教えてくれました。「そうしないから聞いてもらえないんだよ」って言って。そうすると、この子はしゃべりすぎたときに、じぶんでハッと気づいて、ピタッと止まるようになりました。理屈をしっかり説明したら、ストンと腑に落ちるようになってくれました。

学校の先生はよくしてくださっていると思います。でも、「多様性」の時代になっていても、学校ってテンプレートのままの状態なんですね。この子の場合だと、中学受験をしないと、持ち味を活かせる環境を得られなかった。環境を整えていくのが難しいことは、今後もあるんじゃないかなと思います。

数年前に大きな事件があって、たくさんのかたが命を失いました。親子でニュースを見ていて、「どう思う？」って軽く訊いてみたんです。そしたら「せっかく学校を出て就職したのに、お金がもったいないね」という答えだったんです。私は、この子はやっぱり発言が強烈すぎて、反感を買うだろうと思いました。なにかと評価をさげる発言をしてしまう。そういうところを心配しています。

将来の夢として、本人は「大きな夢はない」「自閉スペクトラム症の障害者としてではなくて、一般人として過ごせたら良いな」って言っています。社会にどうこう求めていくのではなくて、適応していくのが大事かなと思ってるみたいですね。とりあえず、まわりに助けてもらうためのコミュ力をつけていくことをめざしています。

サクラさんのお母さんへのインタビューに対するコメント

サクラさんのお母さんは、「夫の小さい頃の話を聞いていると、発達障害があったんだろうなと思います」と話してくれた。これはフジさんやエフくんのお母さんが話してくれた内容と、かなり通じあっている。フジさんの場合、「夫は、自他ともに自閉スペクトラム症傾向の人です」と語っていた。エフくんのお母さんの場合、「(夫は)『いまの時代に子どもだったら、診断がおりていたかも』という感じの人です」と語っていた。発達障害は遺伝しやすいけれども、今回のインタビューでは父から子どもに遺伝した例が集まってきた。

サクラさんのお母さんは、出産前にダウン症の子どもが生まれてくる可能性を聞かされ、それでも産むと決意していたと語る。そのために生まれてきた娘に発達障害があるとわかっても、衝撃は少なかった。人生とはどう覚悟するかで、いくらでも変わってくるものなのだとわかる。健常児が生まれてくると信じきっていたら、わが子の発達障害を受けいれるのは難しいだろうし、それを受容する過程には大きな苦痛が伴うに違いない。

サクラさんが小さい頃、「噛む力も極端に小さくて、食べ物をすするのも難しい」状況だったと聞いて、私はじぶんの早食いの謎が解けたような気がした。私は発達障害の診断を受けてから、注意欠如多動症のせいで、つまり衝動性のせいで早食いをしているんだなと想像するようになった。アルコール依存症の診断を受けて、私の依存には過食もあるから、その過食症の傾向のために早食いなのだろうか、とも思案した。それらの考えもある程度までは正しいかもしれないが、サクラさんのお母さんへのインタビューによって、咀嚼という微細運動を不得意とするために、早食いになっているのかもしれない、との気づきを得た。

サクラさんのお母さんが、病院で「まわりの子はどうでも良いです、じぶんの子どもだけを見つめて」と助言されたという逸話が、心に残った。サクラさんのお母さんは、発達障害に関する本を読んだ経験はほとんどないようだけれども、子どもが特別な性質を持っていることを認識し、それを肯定しながら育てることができている。

初めて行く場所には人一倍ドキドキする、聴覚に困難があって、うまく聞きとれないことが多い、そして話すと声が大きくなってしまうなどの自閉スペクトラム症的特性は、私自身のものと同じだ。片っ端からなんでも読むというのは、限局性学習症でいう読字障害（ディスレクシア）の反対、過読能力（ハイパーレクシア）だと思う。私にもそれがあって、サクラさんと同様、小学生の途中からおとなが読むような小説にどんどん挑戦するようになってしまった。

現在サクラさんが、同じようにおとなびた読書傾向の友人、マニアックな石の種類に「こだわり」を持つ友人など、自閉スペクトラム症の特性を感じさせる人に恵まれていることを聞いて、ほほえましく感じる。自閉スペクトラム症者は、まわりの人に同調しにくいという特性ゆえに孤立しがちで、いじめの対象になりやすいが、同じような傾向の友人を得られるならば、そういうことが叶えられない時期も多いだけにいっそう、学校生活は安らぎに満ちたものになっていく。私も学校生活がとても苦手だったが、オタク趣味――そもそも特殊な「こだわり」を有するいわゆるオタクという人々は、非常にしばしば自閉スペクトラム症者なわけだが――の友だちと過ごすことができた時間、日常の困難から解放されて、ほんとうに楽しいと興奮したものだった。

サクラさんは、図工が「ほんとうにダメ」だったという。指先がうまく動かないからだが、音楽には関心があって、リトミックを好み、苦手な集団行動にも参加するようになったと語られていた。それでエレクトーンを習うことになり、バラバラに動いていた指が巧みに連動するようになって、いまではちゃんと弾けている。対象への関心が強ければ、それに駆動されて苦手を克服していくことは、発達障害があっても、定型発達者と同様だ。私もパソコンでは（完全に我流だが）ブラインドタッチができるし、スマートフォンでもフリック入力ができる。そのふたつの技術を駆使して、これまでに卒業論文も、修士論文も、博士論文も、そして20冊以上の著書も書いてきた。

サクラさんも、私やこの本に出てくる多くの当事者と同じく、「逆上がりできない族」の仲間だということを確認できた。水泳もほとんどできないという。しかし、サクラさんのお母さんは「体育は捨てなさい」「できなくていいよ」と助言し、苦手な科目を諦めても受けいれることで、サクラさんは劣等感に苦しまないで済むように生きることができている。諦めることは、ときとして重要なライフハックと化す。自転車に関しては、サクラさん自身が「乗れたほうが楽だな」と理解したことで、練習を熱心にやるようになって、みごとに乗れるようになったという。かつての私と同じような仕方で、自転車乗りとして覚醒を遂げたわけだ。

サクラさんは学校の授業では、同じ姿勢を維持することが難しくて、じっとしていられないそうだ。授業中にじっとしていられないと言うと、ＡＤＨＤの特性としてよく知られているし、私もじぶんがいつも授業中にそわそわしていたのを、発達障害の診断を受けたあと、ＡＤＨＤのせいだったと考えた。しかしいま思えば私は、ＡＤＨＤによってのみならず、自閉スペクトラム症に由来する興味の対象が限定されているという特性や、発達性協調運動症に由来する背筋を伸ばしているのが難しいという特性によっても、授業中にいつもそわそわしてしまったのだと思う。

サクラさんは、授業中に答えがわかると、それが楽しくてウキウキと答えていたが、その態度がクラスメイトから疎まれて、いじめの対象になってしまった。ショックを受けて、答えがわかっていても手を挙げなくなってしまったという話が語られていた。このような展開は私の人生にも頻発した。小学生のとき、私は何度くらい「チョウシ」（調子こいていてうざいやつ）とか「ハリキ」（張りきった感じが鬱陶しいやつ）という言葉によって、クラスメイトから非難されたことだろうか。小学生のあいだにも、あるいは子どもとして未熟だからこそ、「出る杭は打たれる」の日本式因習社会が触手を伸ばしてくる。

教育者の側には、どれだけ特別な支援を要する子どもの状況を総合的に理解して、効果的に動けるか、が問われることになる。幼稚園のときには、移った先の幼稚園で、とても粘りづよい幼稚園教諭に出会えて、サクラさんは1年のうちに大きく成長したと語られていた。小学校では、合理的配慮に理解のある教師たちにおおむね恵まれたものの、例外的にそのような理解のない教師が担任になった学年もある。そのように環境調整に支障のある状況で、いじめが発生したという事実は、さもありなんという感じだ。その担任教師から「本人のためにも、空気を読めるようになって、行動できるようにならなくちゃいけません」と言われたそうだが、その教師にはその発言が、目の見えない人に向かって「周囲をよく見ながら歩きなさい」とか、耳の聞こえない人に向かって「人の話はちゃんと聞きなさい」と求めるのと同じような、グロテスクな暴力性に満ちたものだということを理解できていないのだろう。

中学1年生のときの担任の先生は、もともと支援級を担任していたこともあって、サクラさんに対する理解が深く、ほかの教科の先生から守ってくれたという。こまめに個別相談に乗ってくれ、サクラさんのわーっとしゃべってしまう癖について、「聞いてほしかったら、相手の話もちゃんと聞こうね」「そうしないから聞いてもらえないんだよ」などと諭して、サクラさんのコミュニケーション能力は改善された。自閉スペクトラム症者あるいは自閉スペクトラム症児は、コミュニケーションに困難があるとされているが、特性を理解したうえで適切な指導を与えられれば、その人なりに、あるいはその子なりに、成熟したコミュニケーション能力を身につけていく。

サクラさんのお母さんは「でも、『多様性』の時代になっていても、学校ってテンプレートのままの状態なんですね」と寂しそうに語っていた。サクラさんは中学受験をすることによって、持ち味を活かせる環境を得られたにせよ、今後もいつでもうまくいくかどうかはわからない。サクラさんのお母さんには、つねに保護者としての負担がのしかかってくる。小学生の頃より理解ある環境に身を置くことができても、毎月学校からサクラさんのことで電話がかかってくるのが現状だ。そのたびに、サクラさんのお母さんは頭を悩ませなければならない。私としては、サクラさんとサクラさんのお母さんが、もっと支援を受けられるようにと願わざるを得ない。

コラム2　感覚統合療法について

ここまでのインタビューで、発達性協調運動症と診断された子どもたちに関して、感覚統合療法の話が出てきている。この感覚統合療法なるものを私自身は受けたことがない。正確な知識を持っていなかったために、私は発達障害の診断を受けてしばらくのあいだ、この療法に対して、なんとなく否定的なイメージを抱いていた。当事者のありのままを否定し、「定型発達者／定型発達児」ないし「健常者／健常児」を基準とした身体感覚や身体能力のあり方に向けて、「発達障害者／発達障害児」の心身を改造するような営為と誤解してしまっていた。

そこで私は、『みんな水の中――「発達障害」自助グループの文学研究者はどんな世界に棲んでいるか』(医学書院、2021年)で、「みんな水の中」と呼ぶじぶんの体験世界について、つぎのように記した。

あえて医学の言説を借りれば、私の体験世界は、第一にはＡＳＤの感覚過敏に由来していると思われる。視覚や聴覚の過敏さと、そこから来る疲労が、現実を水のなかの世界のように錯覚させているのだ。

第二に、ＡＤＨＤによる脳内多動と、やはりそこから来る疲労が、朦朧感を立ちあげていると考えられる。

第三に、発達性協調運動症による、自分の体が傾いてしまうという現象が関係しているだろう。前庭覚が弱く、「自分の身体の各部位がどうつながっているのか知覚できていないし、動くときには体をどう使えばいいのかも理解していない」感覚がある、つまり固有受容覚も弱いということが、水のなかにあるかのような体の動きを体感させてしまう。

そしておそらく第四に、自分の感覚や世界像に強い「こだわり」を発揮するＡＳＤの特性が、この感覚を強化している。

第五に解離による幻想的時空の生成だ。

もしかすると、脳の可塑性が高い子どものうちに、神経系の発達促進をおこなう感覚統合療法を受ける機会があったならば、このような感覚を失っていたのかもしれない。受けていたらこの世界に参入することはできなかったのだから、受けなくてよかったと思う。

（横道 2021: 54）

以上のとおり私は、感覚統合療法を受けていれば、「みんな水の中」と感じる体験世界が失われていたのだから、そのような療法を受けなくてよかったと思う、と書いた。その発言をいまでも撤回するつもりはない。つまり、いまでも私自身はそのように思っている。しかし、『みんな水の中』を刊行したのち、この件に関しては少しばかり追加しておくべきことがあるとも思うようになった。

『みんな水の中』を刊行して半年ほどしてから、発達障害と診断された子どもを育てる親の集まりに参加し、『みんな水の中』を読んだ感想ということで、質疑応答を受ける機会があった。そのとき、ある母親から「私は子どもに感覚統合療法を受けてもらってるんです。でも今回、横道先生の本を読んで、当事者の声を知って、私がやっていることは自己満足なんだろうかと反省しました」と言われたのだ。

私はそのとき、感覚統合療法について以前よりは正確な知識を身につけていたし、その母親の胸苦しい思いについても充分に理解できたので、つぎのように答えた。

「私は現実問題として、感覚統合療法を受けなかったら、そういう人がその療法を受けずに形成されたじぶんの世界観、あるいは体験世界を肯定して、そういう療法を受けなくて良かった、と考えるのは正しい考え方だと信じています。しかし、発達障害の子どもを育てる親が、子どものことを思って、感覚統合療法を受けさせるのを、無条件に否定しようとは思いません。その子は将来きっと、そういう療法を受けさせてもらったことに感謝するんじゃないでしょうか。その子は、その療法を受けたうえで形成された世界観、あるいは体験世界を肯定することになる場合が多いのではないでしょうか」

私がそのように発言することによって、悲しげな顔をしていたその母親の顔が緩んで、笑顔を見せてくれたことが心に残った。感覚統合療法に関して、私の考えが修正されたことをいつか書きたいと思っていたが、今回その機会を持てたことを幸いと考える。

さて以下では、感覚統合療法について基本的な考え方も記しておこう。まず人間の感覚の種類について説明すると、身体の外になにがあるかを受けとめる外受容器としての五感（視覚、聴覚、味覚、嗅覚、触覚）、身体が空間のどこにあるか、どのように動いているかを伝える固有受容器としての前庭感覚（重力、頭の動き、平衡の把握）、身体の内部について伝える内受容器としての内臓感覚がある（エアーズ 2020: 57-58）。１９５０年代以降、教育心理学者のアンナ・ジーン・エアーズたちが、感覚統合の理論を構築していった。エアーズたちは、個々の感覚を統一していくプロセスを感覚統合として説明する。エアーズの本から引用してみよう。

オレンジの皮をむいて食べるときのことを想像してみよう。そのときあなたは、目、鼻、口、手と指の皮膚、そして指、手、腕、口の筋肉と関節を通じて、そのオレンジを感知する。それが1個のオレンジであって、たくさんのオレンジではないことがどうしてわかるのだろうか？　2つの手と10本の指がすべて一体となって働くのはなぜだろうか？　実は、オレンジから得られるすべての感覚と、指と手から伝わるすべての感覚が何らかの形で脳内の1カ所に集まるのだ。この統合によって、脳はそのオレンジをひとつの全体としてとらえ、手と指を一緒に使って皮をむくことができるのである。

（エアーズ 2020: 8）

このような感覚統合がうまくいっていない子どもの存在は、DSMで発達性協調運動症という医学的カテゴリーが確立する前から広く知られており、そうして感覚統合療法が開発されることになった。エアーズは一般的な成長過程で、感覚統合のプロセスがつぎのように発生すると考えた。

第1段階では身体的接触によって触覚が刺激され、情緒的愛着が形成される。前庭系や固有受容系の感覚入力が統合されることで、眼の動きをコントロールできるようになり、身体運動の基礎が構築される。

第2段階では、触覚、前庭覚、固有受容覚が脳のなかに身体の地図を作りだし、脳が身体を操れるようになり、子どもは訓練によって、基本的な動作を獲得していく。

第3段階では、前庭系、聴覚、視覚などが機能して、他者の発話に注意を向け、またみずから発話するように作動していく。感覚が統合されていないと、さまざまなことに気が散ってしまい、体をうまく動かせなくなる。

第4段階では、利き手を使って精密な作業をおこない、視覚的にものごとを捉える際にも利き目が主導的な役割を果たすようになる。

（エアーズ 2020: 86-93）

発達性協調運動症の子どもの場合、このプロセスが定型発達児のようには、なめらかに進展しない。そこで作業療法士と理学療法士の支援を得ることによって、前者が微細運動の障害に対する改善を、後者が粗大運動の障害に対する改善を担当することになるわけだ。

第4章

当事者へのインタビュー

本章では、発達性協調運動症と診断された当事者、および私と同様に診断されてはいないが、じぶんに発達性協調運動症の特性が濃厚に備わっていると自認している当事者の声を拾いあげる。やり方としては当事者の親へのインタビューと同様だ。私がオンラインでインタビューを実施し、それを私が加工して、インタビュイーがひとりで語ったように成形する。そうしてできた原稿をインタビュイー本人に確認してもらい、修正の要望を反映しながら私が決定稿を作る。それぞれのインタビュー原稿に対して、私がコメントを作成する。インタビューと私のコメントを交互に並べていく。

インタビューした成人の当事者のうち、最初のひとりは、じぶんの発達性協調運動症を深刻な生きづらさとは捉えていない。子どもの頃は苦しんだけれども、いまでは生活に支障を感じていないそうだ。それに対して、続くふたりは、現在でも発達性協調運動症によって大いに悩んでいることを切々と語ってくれた。発達性協調運動症の多様性について理解を深めていただけると思う。

第1節　柏淳先生へのインタビュー
——知的レベルによって人間関係の問題を克服する

◎ぼくの来歴と特撮黄金時代

ぼくは現在60代前半。15年ほどハートクリニック横浜で院長をやっています。以前の勤め先は、アメリカのサンディエゴ郊外にあるソーク研究所や、東京医科歯科大学精神科などです。

両親は四国の人ですが、ぼくは群馬育ち。長男で5つ下に妹。家族・親戚は定型発達っぽい人が多くて、発達障害っぽいところは少ないけど、父方のおじさんにひとり、かなり変わってる人がいます。数年行方不明になったりとか、奥さんに逃げられたりとか。

うちはキリスト教の家じゃないけど、幼稚園はキリスト教系。讃美歌なんかを歌っていました。横道先生の本を読むと、インタビューで子どもの頃のことを詳しく語っている人が多いので、それも特性なのかもしれませんが、記憶力がすごいなと思います。ぼくはそんなに覚えていません。認知のパターンの違いかなと思ったりするんですけど。

父親が電気会社に勤めていて、その工場の社宅に住んでいました。戦時中は零戦《ゼロセン》を作っていた工場の跡地。それが米軍住宅になって、米軍が帰国したあとに社宅になった場所でした。広い広い芝生があったり、いまから思うと、ぜいたくなところに住んでたなあと思いますね。

近所に女の子が住んでいて。おんなじ幼稚園だったと思うんですけど、いまから思うと自閉スペクトラム症の特徴がよく出ていて、おそらく軽く知的障害もあったと思います。その子とよく遊んでいたので、男の子の友だちから、ぼくはバカにされていたような記憶があります。

子どもの頃はこだわりが強くて、なにかで遊びだすとそればかりでしたね。ブロック遊びでひたすらロケット、飛行機、恐竜らしきものを作ったり。幼稚園がない日は、一日中そうやって外に出ることなく遊んでいました。ですから友だちはあまりできなかった。

幼稚園の頃に初代『ウルトラマン』が放映されていて、『ウルトラセブン』『仮面ライダー』『ミラーマン』みたいに、特撮黄金時代の作品を初回から観ていました。小学生のときは「仮面ライダーごっこ」が流行っていて、日本のどこかで死んだ子が出たりして、社会問題になったっていう時代ですね。カルビーの仮面ライダー・スナックの付録についていたカードを集めて。収集癖がありましたね。そこまでお小遣いをくれないから、友だちにたくさん持ってるやつがいて、うらやましかったです。交換したりして集めたけど、コンプリートできなくてモヤモヤしていました。

知覚推理の能力に問題はなくて、立体の把握はむしろ得意なほうです。年齢があがったら数学でも図形が得意でした。ですから空間が2次元的に見えるというようなタイプの自閉スペクトラム症とは異なります。ですが子どもの頃から超不器用で、幼稚園だと作業着に着替えるとき、ボタンをうまく嵌《は》められない。親がマジックテープで留められるようにしてくれて、着替えができるようになりました。

箸とか鉛筆とか、とにかく持ち方が変です。親は何度も直そうとしてくれたようですが、直らないままになりました。鉛筆はそれでも活字チックな字を書くのが得意でした。箸は典型的なバッテン箸で、それでも豆を摑めるまで独自の上達をしました。ハサミを使ったりするのは、わりとダメです。

それからぼくは早生まれで、整列すると小学4年生くらいまでいちばん前だったんです。いじめられても、おかしくなかったと思います。でもスネ夫じゃないけど、ジャイアン的なやつに取りいるのが得意で、かわいがられて、いじめから守ってもらったりしていました。

◎主要教科以外は、とにかく体育がダメ

小学校の勉強はよくできました。いちばんは理科が得意。学研の『○年の科学』を取っていて、付録が大好きでしたね。色が変わる系の化学の実験をしたりして。それから天文学も好きでした。望遠鏡を買ってもらったのを覚えています。主要科目は小学校の3段階なら3ばかり、中学に入ったあと、5段階なら5ばかりでした。

親が家を買ったので引っ越しをして、小3でべつの小学校に転校しました。先にたまま同じ学校から転校していたやつがいて、同じクラスだったんです。それでぼくの噂を広めてくれて、「天才児が来る」みたいな触れこみにされちゃった。そんなこともあって、転校先では特別扱いをされた感じがありました。

でも主要科目以外だと、体育がとにかくダメで、小中ともずっと1でした。憂鬱で、体育の時間がなくなれば良いのにと思ってましたね。なにをやらしてもダメ。球技だとまっすぐに球を投げられない。距離が出ない。もともと左利きだったのを右利きに変えたので、その影響もあるかもしれませんけど。かけっこはいつもビリ。

水泳だとプールに入れない。小学1年生で最初のプールの授業のとき、全クラスでプールサイドに行って、水に親しみましょう、というのをやったんですね。ぼくひとりだけ入れなかったです。みんなプールのなかを、ぼくはプールサイドをひとりで歩いた記憶があ

ります。でも転校した先の学校は水泳の強化校で、それで鍛えられて少し泳げるようになりました。平泳ぎだとどこまでもいけるくらい。でもクロールがうまくできないんですね。鉄棒はほかの子より数年遅れて、前回りと逆上がりを習得しました。逆上がりは5年生くらいでようやくできたと記憶しています。自転車もダメで、親が買ってくれたのにずっと乗らず、やっと乗っても補助輪を外せない。ようやくふつうに乗れるようになったのは、これも5年生くらいだったかな。それからは毎日乗るようになりました。

図工・美術は小学校で2、中学校で3と平均的。不器用なんだけど、鉛筆で線画を書くまではなかなか良い。それなのに色を塗るとぐちゃぐちゃになって。啓発用のポスターを作成して、アイデアが良いということで市のコンクールに出されたことがありました。でも色を塗るととたんにダメになって、先生につきっきりで描きなおしをさせられて、ようやく提出したことを覚えています。

不器用なので音楽もぜんぜんダメだったんですけど、親がピアノを習わせてくれて、1から5に変わった感じです。小3から高3まで習っていました。芸大卒の先生に教えられて。自然にクラシック音楽が趣味になりました。学研に「こども音楽館」っていう絵本とレコードが一体になったシリーズがあって、それを買ってもらったのがよかった。あと、当時のＣＢＳソニーから出ていた「ベストクラシック１００選」のサンプルレコード。

ＬＰ１枚に１００曲、有名なクラシック曲のさわりが入っている。それでどハマりして、ブルックナーの交響曲なんかに夢中になりました。

小5から中1まで、レコードを買うためにアルバイトをしていました。学研のおばちゃんと仲良くなって。『〇年の学習』と『〇年の科学』を毎月近所に配るというのをやって、月に1万円くらい稼いでいました。当時の小中学生の小遣いとしては、かなりの金額です。そのお金はぜんぶレコードにつぎこんでました。ブルックナーの全集を買ったりしましたね。

◎天気予報を見ながら、気象図を書きとっていた高校時代

中学時代の趣味としては、数学に目覚めたということがありますね。図形の問題を作ることにのめりこんで、高校受験の問題を自作しました。裏技を使わないと解けないような問題をたくさん考えて。

まわりからは浮いていましたね。まわりではフォークソングがブーム。教室にギターを持ってきて、ジャンジャンと弾いている。修学旅行にも持っていって、ジャンジャンと。クラシックが好きな友だちはできなくて、ブルックナー、マーラーのあたりをひとりで聴いていました。いまでも聴きつづけています。

中学では週に一時間、クラブの時間というのがあって、音楽鑑賞部に入りました。みんなでクラシックを聴けると思ってたんだけど、ぼく以外はクラシック好きな人はいなくて。ほかの人はよくわからないポップス、ビートルズなんかを聴いている。ぼくはひとりだけクラシックをかけるものだから、顰蹙《ひんしゅく》を買って。それでもこだわってかけてたんですけど、2年間でめげてしまって、べつのクラブに移りました。

部活は、高校に入る内申書のために必ず入りなさいと言われたので、陸上部に入りました。ふたつ上の先輩にぼくに似たタイプの人がいて、かつてその人が入っていたんです。じつは休眠状態のクラブでほぼ帰宅部。ほとんどなにも活動しませんでした。顧問なんて、ちゃんといたのかな。部活をしなくても、エアポケット的に許されていましたね。大会になると野球部の人とかに代わりに出てもらって、ぼくたちは裏方だけやってました。

高校は男子高でした。越境して群馬から埼玉まで通っていました。隣接県協定みたいなものがあったんです。当時、地域ではいちばん成績が良いところ。バスで1時間かけて通ってました。

高校時代は、数学と物理を極めていた。高2でおもしろい先生に出会って、数学に夢中になりました。ほかには世界史も好きでしたね。すごくいい先生で、たとえばシルクロードについて、香辛料の重要性などを詳しく説明してくれる。そういうテーマごとの歴史の説明がおもしろくて、良かった。

部活はやらなくて良かったけど、それなりに人間関係を維持するために、友だちがいる新聞部に入ることにして。1年に1回発行するときだけ、活動していた感じです。

高校時代も趣味は音楽です。中・高時代も特撮を観てたけど、下火になっちゃって、アニメが人気の時代になってきてました。王道の『ヤマト』『ガンダム』も観てたけど、そんなにハマった感じではないです。好きだったのは『イデオン』『未来少年コナン』、あと特撮ですが『スターウルフ』。うちの親はテレビにはずっと寛容だったんですね。ですから特撮もアニメも観ることができました。

それからプロ野球が好きになりました。運動音痴なんで野球はできないんです。まっすぐ投げられないし、バットを振っても空振りばかり。でも父親が巨人ファンで、テレビでいつも野球をやってました。クラスもほとんど全員巨人ファンで、ぼくもそんな感じに。でもチームや選手の応援をするというより、打率がどうだろうとか、そういうデータ解析にハマって、スコアシートをつけたり。

だから記録が好きなんですね。ほかにも気象速報を見ながら、気象図をさっと書きとるということもやっていました。理科の時間に初めてその作業を体験して、楽しかったのがきっかけです。

高校は自由放任の校風でした。10年くらい上の先輩たちが制服をなくす運動をやって、その権利を勝ちとった。だからあんまり受験勉強の体制づくりができなくて、１浪しました。予備校の寮に入って、４人部屋でそれなりの人間関係もあって。もともとは人と関わらないタイプだったけど、知的水準の高さによって能力の凸凹《でこぼこ》に由来する人間関係の問題を克服した面がありますね。

◎絵がヘタで、解剖学の授業は苦戦つづき

１９８２年に東大の理科三類に入って、１９８８年に医学部を卒業しました。医者になるための専門学校みたいなところだなと感じました。ふだんはアニメばっかり観ていた感じです。『マクロス』『ダグラム』『うる星やつら』とか。「オタク」という言葉が広まる前の時代です。人間関係が必要だと思ったので、医学部生でやってるバドミントン部に入ったんですが、練習のあとは飲み会に行って――未成年でも当時は飲まされてましたから。でもぼくはすぐに酔っ払ってしまいます――、そのあとはみんなでぼくの下宿に集まって、『仮面ライダー』とかむかしの特撮を徹夜で観たり。作品によっては第1話から最終話までぶっ通し。レンタルビデオショップで借りて、ビデオデッキを2台持っていたので、ダビングする。３００本くらいコレクションしていたと思います。

野球も好きだったんですけど、体制側はダメだと思うようになって、アンチ巨人になり

ました。お金がなくて困ってるところを応援したくて、当時の南海ホークスのファンになりました。巨人と日本ハムが後楽園球場を本拠地にしていたので、よく南海―日本ハム戦を観に行きました。球場周辺にはダフ屋がいて、こっちを巨人ファンだと思いこんで、チケットを売りつけようとされたのを覚えています。

あと、ぼくにはコンピューター少年の走りみたいなところもあったんです。パーソナルコンピューターが出始めた時代からいじるようになって、ＢＡＳＩＣでプログラムを組めるようになりました。

恋愛の経験はぜんぜんなかったです。ぼくらの頃って東大理三は１学年90人くらいで、そのうち女子は３人とか。教養課程にはもう少しいたけど、それでも１クラス40人に女子6、７人とか。高校時代と同じく、ほぼ男子校の状態。アニメの影響もあって、彼女がほしいとは思っていたけど、積極的に動こうとはせずです。

絵を描くのがヘタなのは、解剖学の授業で困りごとになりましたね。顕微鏡で観察した生体組織を描くんですけど、鉛筆ではそこそこうまく描けても、色がダメなんですよね。ピンクと紫を中心にやるんですけど、なぜか変な色合いになってしまう。いまの生活では色を塗るっていうことがないので、問題にはならないんですけど。

車の免許は2年生のときに取りました。教習所では苦労しました。でもあれは、先生が陰険だった気がするんですけどね。運転はできるし好きです。でも、何度か事故ってますね。ハンドル握ると性格が変わるところがあって、それを考えると、向いていないのかもしれません。先ほど言ったように、空間的把握は得意だと思っているんですけど、縦列駐車には苦労します。

◎医師同士の付きあいは後天的な学習で乗り切る

精神科を選んだ経緯はよくわかんないところがあります。医学部に入るときは、精神科が良いと思っていました。現役のとき、慶應を受けて落とされてるんですね。その二次試験の面接で、精神科医になりたいと言った記憶があるんです。でも大学に入ってからはそう思わなくなって、脳科学に興味があったから、神経内科に行こうと考えました。

学生時代、神経内科の学科委員というのをやっていたんですけど、それとはべつに精神科に出入りしていて。というのは、本田秀夫くんが先に入っていて、患者さんの眼球運動なんかを調べていた。パソコン好きのぼくは、そのプログラムを組むことができて、重宝がられてました。それで本田くんとかに丸めこまれて、気がついたら精神科のほうに行ってました。だから神経内科の先生方から見ると、裏切り者に見えたかもしれませんね。

外科などを選ばなかった理由には、不器用さも関係してます。手術の糸結びなんかができないんですよ。「じぶんは外科に来ちゃいけないな」って思いました。それから体育がダメな理由のひとつでもありますが、ずっと体力がないんです。何時間も立って手術を見学していると、ヘロヘロになる。内科や精神科なら座ってできますからね。その代わり腰が悪くなりましたけど。

医師同士の付きあいは、さっき言った後天的な学習で凌《しの》いできたと思っています。患者の前でも良い先生として振るまうことを心がけています。字を書くのはもともときれいなほうだったんで、カルテや診断書のことで困ってはいません。

30歳のときに結婚しました。かみさんは、友だちの結婚相手の友だちです。紹介されて出会って、結婚して男の子がふたり生まれました。上は自閉スペクトラム症ではないと思うけど、コンピューターオタク。いまはアメリカの大学院に通っています。下は現在、絶賛大学受験真っ最中です。

◎おとなの発達障害という困難

私がじぶんを自閉スペクトラム症と思ったのは、そんなにむかしのことじゃなくて。成人の発達障害が話題になりはじめたのは、21世紀になってからです。20世紀から医者をやっていて、研修で自閉スペクトラム症の子どもと接する機会も多かったけど、当時は「おとなの発達障害」という概念がなくて、じぶんとつなげて考える発想がありませんでした。いまのクリニックで院長になって、成人の発達障害の診察をするようになって、ひたすら勉強しました。ですから独学です。それで「あれ、ちょっと待てよ。どう考えても、じぶんはこちらの系統が近いな」って思って。じぶんに似た印象の人、同じ東大出身の人も来ることがある。それで気づきました。

それでも、ぼくは自閉スペクトラム症が治ったんだと思っていました。それで当事者ではないんだなと。そこに、カモフラージュの概念を知ったんです。わりと最近、学会で話題になりだして、「これか！」と思いました。自閉スペクトラム症の困りごとがなくなったのは、じぶんの本質が変わったんじゃなくて、うまいことカモフラージュしているんだとわかったんです。

診察をしていると、もちろん発達性協調運動症の困りごとも見かけます。書類を仕上げるのに時間がかかるとか、文字を決まったスペース内に収められないとか。でも成人の診察だから、感覚統合の訓練に紹介するといったことはありません。治療介入の余地があるのかもしれないけど。専門的にやるという話は聞いたことがないんですね。「書くときに補助的な道具を使うといいよ」とかアドバイスをすることはあるんですけど、そのくらいかな。あとは向いていない仕事を避けたほうが良いのではと言ってみたりしています。

柏淳先生へのインタビューに対するコメント

柏淳先生は精神科医として働き、発達障害の診断や診察に深い造詣を持っている。精神科医としては珍しく、発達障害の問題を「脳の多様性」の観点から、つまり必ずしも障害として理解しない観点から考える立場を支持している点で、稀有な存在と言える。

すでに述べたように、私は自閉スペクトラム症およびＡＤＨＤと診断されている一方で、発達性協調運動症の診断は受けていない。柏先生に至っては、発達障害の診断そのものを受けていない。精神科医として発達障害について学ぶうちに、自閉スペクトラム症と発達性協調運動症の特性がじぶんにはっきり備わっていると自認するようになった人なのだ。

実際のところ、柏先生にインタビューをしていると、自閉スペクトラム症の特性も発達性協調運動症の特性もくっきりと伝わってきた。子どもの頃はとくにこだわりが強く、ブロック細工を使ったひとり遊びで延々とロケット、飛行機、恐竜らしきものなどを作ったと語っていた。幼稚園の友だちと遊ぶことには、比較的無関心だったとも言っていた。

「発達障害」という語感は、発育がうまくいかないという印象を与えてしまうことが多いが、実際には人の縁などに恵まれたり、適切な指導にありついたりすることで、当然のようにさまざまな成長が発生していく。柏先生の場合は、予備校の寮生活や、また大学でのサークル活動によって、他者とあまり関わらないという本来の特性がやわらいでいった。柏先生自身は、「知的水準の高さによって能力の凸凹に由来する人間関係の問題を克服した面がある」と要約していた。

柏先生は物心ついた頃から「特撮黄金期」に直撃された世代だ。『ウルトラマン』『ウルトラセブン』『仮面ライダー』『ミラーマン』などに夢中になった。子どもの頃にそういうテレビ番組のとりこになるのは珍しくもなんともないけれども、柏先生の場合、現在に至るまでそういう趣味から離れていない。60代になった現在でも、そのたぐいの特撮テレビ番組を飽くことなく観ている。やはりすでに述べたこととして、自閉スペクトラム症者にはいわゆるオタク的な当事者が非常に多いという事実がある。オタク的な活動は、特殊な「こだわり」を満足させる。柏先生はのちにアニメオタクにもなって、『伝説巨神イデオン』『太陽の牙ダグラム』『超時空要塞マクロス』『未来少年コナン』『うる星やつら』などに親しんだと語っていた。

収集癖も、自閉スペクトラム症の特性として知られている。ものを集めることを好む人がすべて自閉スペクトラム症者とは言えないはずだが、流行とは無縁にほかの人には「なんの価値があるのか？」といぶかしく思われるものを熱心に集めている人は、多くの場合、自閉スペクトラム症者の特性が強い人だと思う。柏先生の場合、流行していた「仮面ライダー・カード」を集めたり、芸術的価値のはっきりしたクラシック音楽のレコードを集めたりしていたのは、それほど特異とは思えないけれども、成長後にアニメや特撮番組をダビングしたビデオカセットを300本ほども収集していたという点には、自閉スペクトラム症の特性が現れていると考えて良い気がする。

ところで私自身もそうなのだが、自閉スペクトラム症の収集癖は、物質だけでなく情報にも向かう。プロ野球に関心を持って、チームや選手を応援するよりも、成績情報の収集に熱意を傾けたというエピソード。それから、気象予報を見ながら気象図を書きとることを好んだというエピソード。これらは自閉スペクトラム症的だと思う。こういった特質を「三つ子の魂百まで」として守り、マニアックな専門家へと成長していく当事者は珍しくない。柏先生が医学の博士号を取って精神科医として働くようになったこと、私が文学の博士号を取って大学教員として働いていることは、自閉スペクトラム症的特性を持った人間の人生として、「発達障害あるある話」に属する。

　やや細かな指摘になるが、関東人の柏先生が大阪を拠点とする弱小で知られた南海ホークス（現・福岡ソフトバンクホークス）のファンだったことに、私はニヤリとしてしまった。私自身は関西人だが、やはり大阪を拠点としていたプロ野球のチームのうち、もっとも人気のある阪神タイガースを嫌って、さらには阪急ブレーブス（のちのオリックス・ブルーウェーブ）や近鉄バファローズ（のち、オリックス・ブルーウェーブと合同してオリックス・バファローズ）もまだ強すぎると感じて、柏先生と同様に、最弱なイメージがあった南海ホークスに入れこんでいった時期があるのだ。「関西人なんだから、そんなに特異ではないだろう」とツッコミを入れる読者もいるだろうか？　だが私の場合は、南海ホークスが身売りして「福岡ダイエーホークス」に転身したあとで、「南海ホークスファン」になったのだから、私の変人度は柏先生に匹敵すると思う。柏先生の場合も私の場合も、自閉スペクトラム症らしい「こだわり」が唸《うな》り声をあげてエンジンを吹かせていた。

　柏先生には、パソコン少年としての顔もあった。自閉スペクトラム症者はＩＴ関係の仕事に適性があると言われることが多いから、「さもありなん」という感じだ。そういう私は、パソコンに関する特別な能力や知識や技術をなにも持っていないのではあるけれども。柏先生は、ＢＡＳＩＣでプログラムを組めるという能力を重宝されて、精神科医としての道を歩むことになったという話が語られていたから、発達障害者らしい特性が未来を切りひらきうる実例と言って良い。

　自閉スペクトラム症者には、知覚推理（知覚統合）と呼ばれる能力に困難のある人が多く、その場合、立体の把握などを苦手とする。私もそのような当事者のひとりだが、柏先生はむしろこの能力が高いという。そのような当事者もたくさんいて、自閉スペクトラム症は「スペクトラム」（虹の光彩のような連続体）という名称どおり、多様性に富んだものなのだ。

　私の場合、数学は全般的に不得意で、計算の問題も図形の問題も不得意だった。前者はおそらく限局性学習症の算数障害に由来し、後者は自閉スペクトラム症の知覚推理の低さに由来すると考えている。しかし柏先生は数学がよくできた人で、私のような弱点を持たなかった。私は中学生のとき、５段階の成績評価で１から

5まで揃っているような子どもだったけれども、柏先生の場合は主要5教科では5がずらっと並んでいるというタイプだった。

柏先生は、自閉スペクトラム症的特性よりは、発達性協調運動症的特性で苦労をしてきたようだ。幼稚園児の頃は、作業着に着替えるときに、ボタンをうまく嵌められなかった。親がマジックテープで留められるようにしてくれて、問題は解消された。箸や鉛筆の持ち方が独特だけれども、じぶんなりにうまく操作できるようになって、箸も鉛筆も器用に使いこなしているという。

学校の成績の良い柏先生だったが、「体育がとにかくダメ」だったと言っていた。球技ができず、かけっこは最下位。しかし適切な指導があれば、部分的に能力が伸びることはある。私はスポーツのうち、唯一野球だけが少しできたけれども、柏先生は水泳の平泳ぎが上達して、どこまでも泳げるようになったという。初めはプールに入ることもできなかったそうだから、だいぶ鍛錬したのだろう。平泳ぎが得意になったのに、クロールはダメという能力の凸凹ぶりも、「発達障害仲間」として腑に落ちる。私の場合は、背泳ぎだとどこまでも泳げるけれども、クロールではそこまでうまく泳げるわけでもなく、平泳ぎに関しては、3メートルくらいしか進まない。

柏先生は鉄棒の逆上がりも自転車も、数年遅れで克服したと語る。中学では内申書のために陸上部に属していたものの、ほとんど帰宅部同様だったというのは、少年時代の柏先生にとって大いに救いになったと思われる。私も高校時代、登下校に関する時間がかなり自由に許容されていたので、だいぶ望みどおりの生活を送ることができた。あの健やかな開放感に対して、私はいまでも胸がときめいてしまう。

柏先生が図工や美術で、線画をうまく描けるのに、色を塗るとダメになった、と語るのは、私の場合と同じだと思った。私もそんな感じで、図工や美術には熱意を燃やしていたのに、成績評価は微妙なものだった。この「微細運動の障害」のために、柏先生が大学に入っても解剖学の授業で苦労したこと、しかし現在の生活では絵を描くことがないので、とくに困っていないと語ったことも、「わが意を得たり」という感じだ。私も大学時代まで、美術系の授業などでカラーイラストを製作しなければいけないときには、芳しい出来にはならずに閉口させられた。しかし現在の私は、ほとんど絵を描くことがないので、この「微細運動の障害」が本質的な生きづらさにはつながってきにくい。

柏先生はピアノを習うことによって、手先の不器用さを部分的に克服することができた。車の免許も取得し、事故を起こしたことはあるものの、運転しながら生活できているという。うらやましいことだと思った。私はいかなる楽器も弾けないし、車の免許取得は教習所に通うまでもなく――じぶんが車に乗ったら必ず大事故を起こすと考えて――諦めてしまった。しかしいま思えば、勇気を持って挑戦しても良かったのかもしれない。

柏先生は不器用だと作業が難しい、手術中にずっと立っているのがつらい、と判断して、外科を選ばなかったとも言っていた。姿勢の保持が難しく、疲れやすいのは、発達性協調運動症の「粗大運動の障害」だ。しかし精神科を選んだことで、座って仕事をすることができ、障害が生きづらさにつながりにくくなっている。患者に対して、「向いていない仕事を避けたほうが良いのではと言ってみたりしています」と語っていたが、これは柏先生の進路選択に関しても、有効な考え方だったのだろう。

第２節　エモさんへのインタビュー

――表情作りの苦手が引き起こした集合写真の悲劇

◎幼稚園には入園できるかすら微妙だった

ぼくは30代前半の男性、関西の某県出身で、いまも同じ県に住んでいます。診断は自閉スペクトラム症と発達性協調運動症です。

幼稚園は、入園できるかどうかすら微妙でした。３歳までまったく話せなかったんです。施設に行くか行かないかという話が出ていた、と親から聞きました。帽子の紐が首にあたると嫌がって、暴れまわったみたいです。みんなが集団で遊んでいるときに、ひとり鉄道模型を触っているような子どもでした。空想に耽《ふけ》ることが多くて、おもちゃを動かしながら物語を作るのが好きで、中学2年生までそういうのをずっと続けていました。ADHDの傾向もあったかもしれなくて、お泊まり保育のときには、嫌なことをされると脱走して、行方不明になりました。幼稚園で仮眠休憩を取る時間、ぼくがうるさすぎて、別室に連れていかれた記憶もあります。

そのときから靴紐が結べませんでした。ハサミを使った作業ができずに、折り紙を折ったり、絵を描いたりもできなかったです。縄跳びもぜんぜん。幼稚園のプログラムについていけなくて、いじめにあいました。鍵盤ハーモニカも吹けません。

食べこぼしはその頃からいまでもずっとあります。シュークリームなんかを食べるのが苦手ですね。すぐに中身のクリームがはみでて、溢《あふ》れてしまうから。何重にも具を挟みまくった豪華なハンバーガーがありますよね。あれはやはりボロボロこぼしますね。だから食べ方が汚いとよく言われます。それから、食べるとき口がくちゃくちゃ鳴らないように注意してるんですけど、そういう音をさせてしまうみたいです。

◎日常的なやりとりはお笑い番組から学んだ

小学校に入って、主要科目では社会だけが点数が良かったです。プロ野球と高校野球が好きだったので、地理に関心がありました。国語はふつうでした。算数は文章を理解できなかったし、図形を描くことができませんでした。診断されていませんが、算数障害があるのかもしれないと考えています。理科も不得意でした。

体育の時間、前回りはなんとかできたというレベルです。逆上がりはできません。縄跳びをすると、すぐに引っかかってしまいました。二重跳びなんかはできないです。大縄跳びをやると絡まって、ぼくのせいで続かなくなります。サッカーは苦手でしたが、野球と同じく興味があったので、良い感じのポジショニングをしたりして、技術がないのを誤魔《ごま》化《か》していました。

少年野球の軟式チームに入っていましたが、スパルタ方式でした。空間認知が弱いので、フライが取れないとか、スライディングができないなどの問題があって、困りました。スイミングスクールにも通っていましたが、水泳はできないままです。クロールは犬かきみたいにして25メートルやっと泳げる感じ。平泳ぎや背泳ぎはできません。泳ぎだしたら、足をすぐについてしまうレベルです。

でもマラソンとかシャトルランは得意です。マラソン大会では校内で2位になるほどでした。とくに複雑な動きもないし、バテなければどうにかなるな、と思いながら走ってました。

音楽の時間、楽器はできませんでした。嫌いではなかったけど、リコーダーは吹けませんでした。試験のためにみんなの前に出ると、ヘタすぎて笑われ、苦手意識がつきました。歌うのは嫌いではないんですけど、うまくはありません。まわりが気を遣ってくれてるのか、音痴とは言われないんですけど、高い声が出せなくて、歌えない歌が多いです。

図工もまったくダメでした。横に置いて見ながら描くぶんには、まだましでしたが、まったくなにもない状態から絵を描くとひどい絵になります。図工は、なんとかサボりたいと思ってばかりでしたね。工作をして、筆箱を作る課題があったんですけど、なにをどうしたらいいのか、わからない。ぼうっとしていたら怒られるので、電動ノコギリを使って木材を切ろうとするけど、指定されたサイズに切れない。無茶をして、電動ノコギリを壊しかけました。

家庭科の時間もダメでした。料理に関しては、クラスメイトに「触らないで」と冷たく言われて、食器を洗ってばかりになりました。裁縫をしても、糸を通せません。ミシンで縫うのもわからなくてパニックになりました。癇癪《かんしゃく》を起こす癖もあったので、途中で投げやりになって、机の上に置いてあるものに当たったりしました。

野球とサッカーが好きなほかには、お笑い番組をよく観ていました。どういったときに笑えばいいのか、どうやってまわりを笑わせればいいのかを研究するために、観ていた感じです。日常的なやりとりをお笑い番組から学んだ気がします。

低学年のとき、できないことに関して非難されることはなかったと思います。まわりの子が代わりにやってくれたりしました。でも学年があがると、孤立することが増えていきました。学校に行きたくないなって思って、体にも症状が出てきました。体が疲れて動かなかったり、高熱が出たりして。行動もゆっくりしていて、身だしなみにも気を遣わなかったし、相手の目を見て話すこともできなかったので、小学6年生になってからは、嫌がらせにあいました。女の子からも避けられました。道徳の時間に、「互いの良いところを見つけましょう」という課題が出たんですけど、クラスメイトから「おまえにはどこにもない」と言われました。

表情を作るのが苦手なので、卒業アルバムのための集合写真を撮るとき、笑い方がわからなくて、何十分も時間を使わせてしまったことがあって、迷惑をかけてしまいました。そうやって集団行動でさらし者になるのがすごく嫌でした。

◎運動会のムカデ競争でパニックになる

公立の中学に進学しました。変わらず社会だけできて、ほかはぜんぜんダメでした。社会科で得意なのは地理が中心ですが、歴史も好きな時代や地域はのめりこみましたし、点数も取れました。南北朝時代とか第二次世界大戦のあたりが好きでした。ふつう人気のある戦国時代や幕末も嫌いではないけど、人気があるから天邪鬼でそっけない態度を取っていました。

小学校のときにキツかったので、野球は続けませんでしたが、好きなのは変わらず、野球の本や雑誌を読んでいました。それ以外は読書の習慣がありません。その頃から疲れが解消されなくなったのか、授業中めちゃくちゃ眠たくなったりとかして、いちじるしく集中できなくなりました。

中学ではバレーボールの体験入部に行きましたが、ジャンプしながらボールを打つことがどうしてもできなくて、ぜんぜんタイミングがわからず、手が空中を擦りぬけました。先輩に「こうやる」って教えてもらいましたが、ボールは違う方向に飛んでいきます。野球以上になにもできなかったので、「もう来なくていい」というような扱いをされて、ぼくもそれ以上は関わりませんでした。

陸上部に入ろうかと思いましたが、同学年に誰もいなかったので、結局は入らずでした。それで、そのまま帰宅部になりました。帰宅部同士で近所の公園で野球をしたり、バッティングセンターに通ったり、野球やサッカーを観たり、あとは競馬に興味が湧いて、勝敗を予想したりです。ふつうにゲームもやってました。

中学3年生のとき、運動会でムカデ競争（数人の足を紐でくくりつけて、前の人の肩を摑みながらリズムを合わせて走る競技）がありました。こういう競技になると、運動神経の悪さの誤魔化しができません。リハーサルのとき、「はよしろ」って突っ込まれて、パニックになりましたし、本番でもうまくいかずに、ビリになってしまいました。あのときは心が折れて、「じぶんはなんで一生懸命にやってるのにできないんやろう」って悩みました。

ムカデ競争のことがあってから、いじめを受けるようになって、苦しみました。その頃から、自傷行為っぽいこともやっていました。野球のバットでじぶんを殴って、怪我したら学校に行かなくていいって念じました。眼をつむったまま自転車を漕いで、事故にあって怪我して、学校に行かなくてもいいようにしようとも思いました。劣等感は前からあったけど、それが深まっていった時期です。

中学のとき、性に目覚めました。衛星放送でグラビアアイドルのイメージ映像とか、アダルトビデオを観て、あとはインターネットでエッチな画像を集めてました。当時はそこまで自覚してなかったですけど、年上のお姉さんに憧れがあって、女子アナものなどが好みでした。体型などに対するこだわりはなくて、じぶんを包みこんでくれそうな女の人を夢見ていた気がします。

◎ラグビー部の練習が厳しすぎて、高校は不登校気味に

高校は公立に進学しました。自転車で10分もかかんないくらいのところでした。普通科に入りました。部活にも入りましたが、それがしんどすぎて勉強に時間が回らなくなりました。友だちについて見学に行ったラグビー部です。見学のときは顧問の先生が優しくしてくれて、ぼくは走るのだけは得意なので、これならできるんじゃないかって思ったんです。でも正式な部員になったらタックルの練習が始まって、先生も厳しく豹変《ひょうへん》し、毎日怒鳴られる状況でした。合同練習で先輩から「やる気あるんか」って詰められたり、はんぶん体罰みたいなこともされて、「入らんかったら良かった」って思ったんですけど、やめるにやめられず、学校に行くこと自体が減っていきました。

その頃にも自傷行為をやりました。同じく野球のバットでじぶんを殴るやつです。ラグビーに行けない体になろうとしました。友だちとつるんで学校をサボるようになっていたし、成績もめちゃくちゃ悪くて、数学はふたつある科目のどちらも一桁の点数。留年になると担任が心配して、親と面談があったみたいです。親に言っていた部活が嫌だという気持ちが、担任に伝わったみたいです。そのあと、友だちと一緒に部活の先生に「やめたい」と伝えにいくと、あっさり受けいれられました。1年生の12月でした。

2年生になってからは、選べる授業が増えて、だいぶ気持ちが安定しました。小学校から塾に通ってたんですけど、大学生だった女の先生に恋心に近い気持ちを抱くようになって、「テストでこれだけ取れたらデートをしてあげる」などと約束してもらえたので、勉強に対してやる気が出るようになりました。その先生とは実際に一緒にサッカー観戦に行きました。でもそこから先のことはぼく自身がわかっていなくて、なにも進まなかったです。

◎演奏ができないのに、軽音楽部でドラムを担当する

関西の私立大学の文理融合の学部を受験して、合格しました。実家から通っていたんですが、新しい世界が開けた感じがしました。友だちは多いと思っていたけど、そういう人たちとなにを話していいのかわからなかったです。相手が話しかけてくれないと、ぼくはじぶんから話せません。授業の取り方もわからないですし、大学のポータルサイトは扱いづらいし、提出期限を見落としたりして、授業を登録できなかったりで、単位をよく落としました。

心理学などを勉強して、サッカー選手の育成について卒論を書きました。成長性を基準にすると、サッカー少年たちはＪリーグのユースチームで育成されたほうがいいのか、高校のサッカー部に入ったほうがいいのかという疑問がテーマでした。サッカーに関する興味は子どもの頃からずっと変わっていません。いまでも大好きです。

サークルは軽音楽部に入ってビートルズとかＲＡＤＷＩＭＰＳとか１７５Ｒ《イナゴライダー》とかをコピーするバンドを作りました。ぼくはドラムを担当したんですけど、これもまったくできなくて、楽譜も読めないし、手足をバラバラに動かせないので、リズムがぐちゃぐちゃになるんです。もちろん入る前からダメだとわかってるんですけど、断るのが不得意で、つい承諾してしまって、やっぱりダメかと思い知ることが何度もありました。

洋画が好きになって、『ライフ・イズ・ビューティフル』とか『キャッチ・ミー・イフ・ユー・キャン』とか『トレインスポッティング』とか『インセプション』とかが趣味でした。あの頃は映画館よりレンタルショップでＤＶＤを借りて観るのが好きでした。映画からはコミュニケーションの方法とか、じぶんにはない生き方、たとえば大胆な行動のやり方を学べたと思います。

大学時代、アルバイトに募集しても、なかなか受からないんです。言い忘れていましたけど、ぼくは字も汚いんです。だから履歴書はぐちゃぐちゃです。それからバイトは日曜が稼ぎ時だということがわかってなくて、ぼくは高校の頃から草野球をやっていたので、日曜勤務ができないと思って、面接のときに日曜は働けないと説明していました。それで落とされたことが多かったです。

友だちと一緒になんとか居酒屋のバイトに入れたこともありますけど、メニューが覚えられず、注文を書いたり、数字を打ちこんだりするのができなかったし、レジも扱えず、クビになりました。日曜に働かないから、短期集中のバイトが多くなりました。年賀状やお歳暮を配達したり、工場の仕分け作業なんかをやりました。友だちの紹介で医薬会社の治験のアルバイトもやって、それはかなり稼げました。

合コンはけっこうやったことがあって、デートまでは行くんですけど、恋人はできなかったです。経済的に安定していないから、じぶんに自信がなかったですし、口説き方は映画を観て勉強したんですけど、そのシチュエーションになかなかならないんですよ。向こうから迫られたときには、怖くなって断ってしまいました。車の免許を取ったんですけど、大学3回生のとき以来、一回も運転していません。

◎24歳で発達障害と診断される

就職活動はたいへんで、苦痛でした。大学の単位が取れていないので、時間を割くのも難しかったです。それにやりたい仕事もなかったし、じぶんが働いている姿が想像できませんでした。営業も接客もできなそうでした。人前に立つのも得意ではありません。30社くらい受けて、最後に1社受かって、図書館への派遣をやっているところでした。

その会社は半年でやめました。人付きあいができないし、接客もできませんでした。テキパキ動けません。勇気を出して上司に相談すると、「どうしてこんなこともできないの」って言われてしまいました。お客さんにも目をつけられて、クレームを入れられる対象になりました。病気になって休んだときに気持ちが切れて、もうこれ以上は働けないと感じて、やめました。

人と接しない仕事のほうが良いと思って、食品会社の工場勤務に入って半年働きました。

でも着ないといけないエプロンの紐を結べないんです。ストレスが溜まって寝不足になり、仕事中も眠かったです。前職よりもひどい状況になって、毎日怒鳴られ、鬱になって半年でやめました。パソコンで調べて、初めて発達障害かもしれないと気づきました。

それから1年実家に引きこもる生活でした。24歳で発達障害と診断されました。それから就労移行支援に通いました。そのあいだに初めて恋人ができました。25歳になるかどうかの頃です。ぼくと同じく就労移行支援の利用者で、双極症とボーダーラインパーソナリティ症の人でした。これまでに7人くらいと付きあいましたが、2回に1回はそういう人に当たってしまう感じです。

いまの恋人は、友だちとやった飲み会にいた子と仲良くなって、という感じです。でも彼女ができてもセックスで困ります。体幹が弱いんで、すぐに疲れるし、うまく楽しめないんです。疲れやすいから途中で寝てしまったりして、それで相手から非難されて、勃たなくなったりします。中学時代、自慰の仕方を最初に覚えたときに、ちょっとへんな方法で覚えてしまったのも、悪く影響しています。じぶんのを床に擦りつけるやり方なんですね。でもセックスではそういうことをしないし、うまく興奮するのが難しいです。

就労移行支援に通っているあいだに、仲間たちと発達障害の支援団体を立ちあげたのですが、ほかのメンバー同士がトラブって2年くらいで解散しました。そのあとは特例子会社に就職して、6年ほど働きました。ＩＴ系の仕事をするところで、パソコンを使った入力作業をしたり、ニュース系サイトのコメント欄で炎上している書きこみを親会社に報告したり、経理や法務関連の登記簿の作成をやったりでした。

途中で昇進して、チームリーダーになったのですが、会社側の意向と部下のマネージメントの板挟みになって、疲れはてました。そうしつつ、じぶんもプレーヤーとして働かなければならないという状況でした。それで適応障害になって、去年退職しました。

いまは高校の同級生とふたりで起業して、福祉系の業務とＩＴの事務サポートをやっています。将来の夢としては、じぶんの得意なことを続けながら、苦手なことはまわりの人に補ってもらって働くこと、そして収入を安定させることですね。いまは月に1回の割合で、生きづらい人のための福祉サポート教室をやっているので、そういう居場所づくりも進めていきたいです。

エモさんへのインタビューに対するコメント

エモさんは、自閉スペクトラム症および発達性協調運動症と診断されている。3歳までまったく話せなかった、帽子の紐が首にあたると嫌がって暴れまわった、園児仲間がみんなで遊んでいるときに、ひとり鉄道模型をいじっていた、空想癖に耽っていた、などというエピソードは、いずれも自閉スペクトラム症の典型的な特性と言える。私自身は子どもの頃になかなか話せるようにならなかった、という話を親から聞いたことはないにせよ、帽子の紐や首元のリボン、マフラー、手袋などを嫌がる感覚過敏のことはよく覚えている。ひとり遊びはもちろん大いに愛好していた。

表情を作るのが苦手とし、小学校時代に集合写真で苦労した、というのも嫌ほど理解できる。私も誰かと一緒に写真に写ると、ひとりだけ無表情だったり、逆にひとりだけ満面の笑顔だったりするので、集合写真を撮るのがいまでも非常に苦痛に感じる。エモさんは、そのような集団行動を要するイベントで「さらし者」になってつらかった、と語っていたが、同様の記憶が私にもあれこれと思いだされてくる。

小学生時代、主要科目では社会だけが点数が良かったというエモさん。プロ野球と高校野球に興味を覚え、それゆえに地理にも関心が向かったと語る。自閉スペクトラム症の「こだわり」がそちらに向かったということだろう。「算数は文章を理解できなかったし、図形を描くことができませんでした」「診断されていませんが、算数障害があるのかもしれない」ということだが、私もおおむね同じような状況を体験し、現在では同じように自己診断で限局性学習症の人だと思っている。

小学生時代、お笑い番組を観ながら「どういったときに笑えばいいのか、どうやってまわりを笑わせればいいのか」を研究した、という点に関しても、私はまったく同じだったので驚いた。関西人らしいサバイバル術と言って良い。発達障害があるといじめられっ子になりがちだが、クラスで「お笑い王」の座を勝ちとることができれば、ヒエラルキーの最底辺から最頂点に移行できる、というのが関西の子ども文化のありようだ。かくして関西では、多くの元いじめられっ子たちが、お笑い芸人として羽ばたいていく。

エモさんが大学時代にアメリカ映画をＤＶＤで観ながら「コミュニケーションの方法とか、じぶんにはない生き方、たとえば大胆な行動のやり方」を学んだと語るのを聞いて、この点でも私と同じだなと思った。エモさんは本好きではないとのことだったが、大の読書家の私がなぜたくさん本を読んできたかと言えば、まさに同じような関心に依拠してのことだった。20代以降の私は、読書をするだけではなく、マニアックな映画を観たりマニアックな音楽を聴いたりすることによっても、人の心の動きを理解しようと努めていった。

発達性協調運動症のうち、微細運動としては、エモさんは靴紐が結べなかったこと、ハサミを使った作業ができなかったこと、折り紙を折れなかったこと、絵を描けなかったこと、食べこぼしが多いことなどを語っていた。私も苦労した作業ばかりだ。絵には関心があったから、ある程度まで励んで克服できた面があるけど、食べこぼしは現在でも多い。エモさんは、大学時代に履歴書の字が汚くてなかなかアルバイトの面接に受からなかったと語っていたが、私の書字もかなりへなちょこなものだ。エモさんは居酒屋のアルバイトで、メニューを覚えられず、注文を書いたり、数字を打ちこんだりすることもできず、レジもちゃんと扱えず、クビになったと語っていたが、私も接客業ではかなり苦労したし、コンビニでアルバイトをしていたときは、このままではいずれクビになるだろうと見越して退職した。

エモさんは幼稚園時代には鍵盤ハーモニカで、小学校時代にはリコーダーで苦労した。私もまったく同じだった。エモさんは大学時代、軽音部でドラムを担当したが、演奏できなかったと言っていた。私も「いつか隠されていた能力が突然開花するのではないか」と期待して、ギターに挑戦したことがあるが、もちろん能力はまったく開花しなかった。民族楽器に興味を持って、カリンバ、オカリナ、ディジュリドゥなどをたしなんでみた時期もあるが、いずれもいっさい上達しなかった。

エモさんは図工でも苦労し、家庭科でもダメだった。エモさんの具体的な話を聞いていると、私自身に思いあたることだらけで、さまざまな記憶と情念が頭に渦巻いてくる。私が、いまになっても若い頃に味わいつづけた悲しい気持ちから、ほんとうには解放されていないことを思い知らされた。

発達性協調運動症の粗大運動としては、エモさんが幼稚園のときに縄跳びができなかったこと、小学生のときに逆上がり、大縄跳び、水泳ができなかったことが語られていた。野球やサッカーに興味があったエモさんは、知識を活かすことで技術を誤魔化すことがそれなりにできたと語るが、私の場合も野球に関して同様のことが思いあたる。サッカーについては深い興味がなかったので全面的にダメだったが、プロ野球の観戦は好きだったので、野球をやると、身体能力は低いのに、部分的に活躍できる場面があった。

中学時代に、バレーボールの体験入部でつらい目に遭ったという話を、私は心を痛めながら聞いた。私も中高時代に少しバレーボールをやったけど、あらゆるプレイが無様な印象を与えたように記憶している。大学時代、友だちに嫌々ながら付きあって、バレーボール部に体験入部をしたことがあるが、そのときの2時間かそこらの練習が永遠に終わらない無間地獄の時空へと変質した。体育で苦労するのは高校まででで終わった、と思っていたから、久しぶりに運動能力の低さで恥をかくのは、おそろしいくらいの心労だった。

エモさんは高校時代にはラグビーに挑戦したと言っていた。私は体育全般に適性のないことを小学校時代で完全に理解していたので、中学時代以降はスポーツに対して挑戦らしい挑戦をほとんどしなくなっていった。エモさんの場合はなぜそんなに果敢だったのか、と考えてみたけれども、おそらく趣味の中心が野球とサッカーにあること、そして走ることが得意でマラソンやシャトルランでは秀でた成績を残すことができたということが関係しているのだろう。それらの特性ゆえに、いつか球技なども得意になると期待してしまったのではないだろうか。それにしても極度の運動音痴にあたるエモさんが、走るのだけは得意だなんて、発達障害ってつくづくおもしろいと思いませんか。私は走るのも悲惨なほどダメだったので、エモさんが長距離走を得意としたと語るのを、人類の驚異と感じながら聞いていた。

発達障害があると、だいたいの人はいじめを経験するが、みじめさがありありと露出される発達性協調運動症は、もっともいじめを呼びこみやすい発達障害ではないかと思う。エモさんも何度もいじめを経験し、自傷行為に及ぶこともあったと語っていた。私もそうだった。私もいじめを体験すると、頭をしつこく掻《か》きむしったり、鼻の穴をひたすらほじくったりして、よく血を流していた。発達性協調運動症の問題は、たんにみじめな思いをするということだけにあるのではない。容易にいじめを呼びこみ、追いつめられた当事者が自傷に及びうるという「暴力」に直結していることが、見過ごされてはならないと思う。それもあって、発達性協調運動症に関する知識が、世の中でもっと普及してくれるようにと願わずにはいられない。

エモさんは大学で心理学などを勉強して、サッカー選手の育成について卒論を書いたものの、そのような関心を活かせる仕事には縁がなかったのだと思われる。やりたい仕事がなくて、就職活動がつらく、多くの面接を受けて、やっと図書館に派遣されて働いたものの、半年でやめてしまったと語っていた。食品会社の工場勤務でも半年の労働後、退職。エプロンの紐を結ぶのが難しかったと言っていたが、そのあとは就労移行支援サービスを経て、ＩＴ系の企業に勤めたということだから、パソコンを打つのに問題はないということになる。私も我流のブラインドタッチを駆使しつつも、パソコンを問題なく使えている。強い関心があれば、発達性協調運動症に由来する困難の一部を克服することができる、ということを改めて強調しておきたい。

エモさんは性に関わる困難についても、あけっぴろげに打ちあけてくれた。「年上の優しいお姉さん」を好んだというのは、自閉スペクトラム症の「こだわり」とは言えないだろうが――ここからわかるように、定型発達者にも「好みのタイプ」などの「こだわり」は多々あるのであり、それらは「ふつうのこと」として可視化されないために、「こだわり」として認識されないだけなのだ――、マスターベーションの仕方が独特なことは、もしかしたら「自閉スペクトラム症」の「こだわり」に関係があるかもしれない。あるいは、それにしたって誰にでも備わっている「性の多様性」に過ぎないのかしらん。

　エモさんは大学時代、映画を参考にしながら口説き方を研究したと語っていた。私もフィクションを実人生の恋愛のために参考にしていた、というか参考にしすぎていたところがあるので、エモさんの話を聞きながら、ついつい笑ってしまった。恋人ができても、いわゆる「メンヘラ」な人に当たりやすいというのも、私と同じだ。もっともエモさんも私もじぶん自身が発達障害者にほかならず、「メンヘラ系」ということになるだろうから、似た者同士が惹かれあっているだけかもしれない。セックスが困りごとになるというのも、よくわかる。私も体幹が弱いので、性行為をすると、人一倍へとへとになってしまう。ついでに言うと、私の場合は全身にわたって感覚過敏が強く、性器を接触させ、出し入れしていても痛く感じることが多いのだが、エモさんはどうなのかと尋ねようかと思いつつ、この問題についてはつい聞きそびれてしまった。

第3節　ちーさんへのインタビュー

――二足歩行にずっと苦労する人生

◎もう自転車には乗らない

私は30代前半です。東北地方で生まれ育って、いまも東北の街に住んでいます。体の性別は女性ですが、性自認はあいまいです。性別を意識せずに過ごす期間が長いですが、女性性を意識して女性的になることも、男性性を意識して男性的になることもあります。

２０１９年春、山の上にある睡眠外来に行って、過眠症と診断されました。それからやっぱり山の上にある睡眠外来と精神科のあるべつのクリニックを紹介してもらって、そこで鬱病と診断され、過眠はそのせいだと説明を受けました。どちらのクリニックも通うのに不便だったので、街中の精神科に通うことにしました。いまはその精神科とやはり街中にあるべつの精神科の2箇所に通っています。もう5年以上になるはずです。

片方の精神科では鬱病、強迫性障害、睡眠障害、摂食障害傾向、双極症疑いと診断されました。べつの精神科では、カウンセリングによる治療を受けていて、解離性同一性障害

――いわゆる多重人格――と、発達障害の自閉スペクトラム症、ＡＤＨＤ、発達性協調運動症、限局性学習症と診断されています。解離がありますから、記憶はあちこち欠けています。べつの人格にスイッチしている時間がちょくちょくあるんだと思います。

物心ついたときには、母は父と離婚していて、べつの人と再婚しました。私は連れ子ということになります。母と養父のあいだに３人ぽんぽんと妹・弟が生まれました。ふだん父は仕事をしていて家にいない。母は精神的に不安定で、双極症と診断されていました。それで私が母と家事育児を分担することが多かったんです。いわゆるヤングケアラーですね。

私は二足歩行を始めるのがかなり遅かったと聞いています。摑まり立ちをしたり、摑まり歩きをしたりが遅くて、はいはいの期間が長かったので、まわりのおとなが気を揉んでいたということです。保育園、幼稚園と通いましたが、自閉の特性からか外で遊ぶことはまったくなかったです。

下のきょうだい３人は早々に自転車に乗りはじめていたんですけど、私は乗れませんでした。当時は団地住まいをしていて、ママ友グループのリーダー的な存在の人が心配したらしく、私が中学年の頃に練習させられて、なんとか自転車に乗れるようになりました。でも途中で転んで、右の足の肉が剝がれるくらいの怪我をしたので、身の危険を感じて、乗りたいと思わなくなりました。

まわりの子どもは遊びに行く、買い物に行くなどのときに乗っていましたが、私は乗らなかったし、おそらくじぶんの自転車も持っていなかった気がします。自転車を台車代わりに使っていた時期もあるんですけど、いまはそれもしていません。現在のパートナーに、姿勢が悪くてうまく押せていないと指摘を受けましたから。

◎運動会はいつだって苦痛

小学校時代、困っていたことはありませんが、体育の授業に関しては恐怖でしたね。逆上がりどころか、前回りもできない。両手を使って、鉄棒に数秒間ぶらさがることができる程度です。跳び箱もまったく跳べません。できる方がおかしいと思ってました。助走しても踏切板の前で止まってしまうんですよ。縄跳びもぜんぜんできません。かけっこは誰よりも遅いです。プールは奥に行くと水位がだんだん深くなっているのを知らずに歩いていって、溺れかけて以来、怖くなって入らなくなりました。

球技はできません。バスケなどは隅に立っていればよかったのですが、ドッジボールだけは拷問でした。なので、相手チームの外野にそっと手を差しだし、優しくタッチしてもらったのち、外野にまわったきり、動かないようにしていました。

運動会もいつも苦痛でした。幼稚園のちっちゃな運動会から小学校の最後までずっと。徒競走ではいつもビリになって、祖母から「ビリがいるから一位がいるんだよ」と言われましたが、意味がわからず、「誰かをいちばんにするために走っているわけではない」と思いました。励ましに聞こえなかったんです。１日の授業が終わったあと、足が遅い人を集めて走る練習をやらされていて、時間が拘束されるので、ほんとうに嫌でしたね。走り方は教えられずに、とにかく速く走れと怒鳴られて。疲れてスピードを落としたら「最後まで精一杯走れ」って言われたのが、不快な記憶です。

運動会でいちばん嫌だった種目は、大縄跳びでした。個人で縄跳びができないぶんには困りませんでしたが、大縄跳びでは、集団の協力で連続回数を競う種目なのに、私が必ず引っかかってしまいます。とくにつらくはなかったですが、確実に足を引っぱっていることは自覚していました。

二足歩行にもずっと苦労しています。とにかく転ばないように、ずっと足元を向いて歩いている人生です。まわりからも、「いつも下を見てるね」と言われてたし、じぶんでも意識していました。まわりが見えにくくなるので、いろんなものにぶつかったりするんですけど、転ぶよりましだと思っています。

家では家事をやっていて、きょうだいのぶんも夏休み明けに持っていく雑巾を手縫いしたりしていました。ですから不器用だと思ったことはありません。料理はもちろん包丁を握ってやるのですが、基本的にどの野菜も皮をむかずに調理していたので困りませんでした。ピーラーを使えば良いと思うかもしれませんが、使えません。家庭科の授業では、ニンジンやジャガイモの皮をピーラーでむくように言われ、怪我をしました。ピーラーが怖くなった私は、その作業はほかのクラスメイトにお願いしました。いまでもピーラーは恐怖です。

　箸や鉛筆を正しく持てない期間が長かったです。発達性協調運動症の問題か、自閉スペクトラム症的なこだわりか、どちらなのかわかりませんけれども。おとなになったあとで練習して、いまは箸と鉛筆を正しく持てるようになりましたが、人差し指に力を入れすぎてしまうので、筆圧は強くて親指の付け根を攣《つ》りますし、箸を使って細かな動作をするのは苦手です。

　それからペットボトルの蓋を開けるのが難しいです。握力がすごく小さいんです。コップの水を飲むときに、口からこぼれて垂れてしまいます。それは嫌だと感じます。給食の時間は、トレーの上にパンのくずをいっぱいこぼしていました。でもそうなるのはふつうだと思っていました。まわりに興味がなくて、じぶんが標準だと思って生きてるところがありますね。いまでも食べこぼしはあって、とくに外食をすると緊張が大きく、ひどいことになりやすいです。だから自前の布ナプキンを準備して、出先では襟に引っかけて使用しています。

音楽の時間、リコーダーは吹けませんでした。いわゆる音痴で、歌っても思っている音を出せません。好きなミュージシャンなんかはいるんですけど、聴くのが専門。じぶんで歌おうとは思わないです。パートナーは、私は音域が狭いだけだって言ってます。

私は掛け算や割り算が極端にできなかったので、母が心配して、そろばんを習わないかって言ってきたことがありました。でもそろばんって、すごく軽いから固定しにくいじゃないですか。左手で押さえて、右の指で弾いていく。左手の押さえる力が弱くて、そろばんが使えませんでした。だから、そろばんをガシャガシャ振りながら、ギターをジャカジャカと鳴らしている気分になって、遊んでました。ぜんぜん昇級しないので、母が「楽しくない？」と訊いてきて、「楽しくないよ」と答えたら、やめることができました。

図工は興味がないからやりませんでした。取手をぐるぐる回して、木の板を固定して、ノコギリで切ったりするための道具、「万力」って言うんですか？　それでじぶんの皮膚をつまんで、血豆を作って遊んでました。痛かったけど、血豆ができるほうが楽しかったんです。あと彫刻刀を使った授業があって、左手に刺してしまいました。さいわい貫通はしなかったんですけど、いまでも傷跡が残ってます。

それから私は表情筋が弱くて、笑うのが不得意なんですけど、これは発達性協調運動症より自閉スペクトラム症の問題でしょうか。私のきょうだいは顔の表情が豊かですけど、私は違っていて。満面の笑みのつもりでも、うすく微笑んでるだけと言われてしまいます。

◎ヤングケアラーとなって、定時制の高校に通う

中学にあがるタイミングで引っ越しました。もっと田舎の地域に引っ越して、クラスメイトから物珍しがられましたけど、返答したりしなかったので、「あいつはなんだ」と思われたみたいです。なじめる人がいなくて、そのうち消しゴムを投げつけられたりするようになって、行くのが嫌になりました。

中学1年生の冬、母が運転している車で、交通事故にあいました。私は頸椎亜脱臼になって、1ヶ月くらい入院したんです。母も双極症がガクッと悪くなって。私が退院したあとは、それまで母とふたりで分担していた家事や育児を、私がひとりでやるようになりました。なぜ学校に行く必要があるのかわからなかったので、学校に行く時間を切りすてて、家事をやりました。それで不登校になり、ほとんど中学校に行っていません。

家事をしていて、とくに苦手だったこと、特別に困ったことはありません。毎日献立を考えるのがおっくうだなと思っていたくらいです。ただ、母は洗濯物の干し方にこだわりがあって、私の干し方が違うということで、母は伏せっていても出てきて、干しなおしたりしていました。

私は、中学を卒業した時点で働きはじめることを希望していたんですが、家にちょくちょく来てくれていた担任が、「それでは働き口もない」と母をつうじて止めてきました。どこか受験して落ちれば諦めるだろうと考えて、定時制の高校を受験しました。家のことがあるので、ふつうの高校を受験して、受かったら困ります。そしたら、その高校の入試に合格しました。試験の成績に関係なく誰でも入れるようなレベルだったんです。４年制のところです。

早朝は6時から9時までコンビニでアルバイトをして、昼間は家のことをして、夕ご飯まで作って、それから登校します。歩いて片道1時間以上かかりました。学校で勉強して、また歩いて帰って、眠るという1日です。友だちがいなかったので、「遊びたい」などの不満がなく、それはラッキーだったと思っています。

でも困ったことに、交通事故の後遺症があとから出てしまって、記憶がいったん全部なくなって、一年間高校を休学しました。もともとリセット癖があるので、記憶がぜんぶなくなったのは快感だったんですよね。それから私の記憶は現在に至るまでかなり不安定です。

２年生から復学して、また高校に通いました。事故の影響もあって、体育はすべて見学させてもらったうえで、単位は出してくれるように配慮してもらえました。ところで私のなかでは、なぜか運動ができることとスポーツができることはイコールで結びついてなかったんです。体育はできなくても、スポーツはやればできると思ってました。やる機会がないだけで、その気にさえなればできると想像していました。不思議ですね。

夜間の高校なので、体育祭なんかはなくて、とても良かったです。文化祭もなかったです。高校に関する思い出はそれくらいでしょうか。私は就職活動をすることがなくて、卒業してからハローワークに行って探すものだと思いこんでいました。それでどこからも内定がありませんでした。

◎人生でいちばん怒られた自動車教習所

卒業する前後に３・11の震災が起きました。震災の影響で、内定を取り消された人が多かったんですけど、私は仕事にありつけました。高校の進路指導の先生から、県の事業として、震災で職を失った新卒者を救済するための措置が出た、それで公立高校で事務員として働かないかと尋ねられたんです。私はもともと内定がなかったので、震災で職を失ったということではないけど、それでも良いのでしょうかと尋ねたら、それは問題ないという回答でした。

　じつは在学中に自動車の普通免許を取っていました。あたりに鉄道の駅もない田舎なので、社会人として車の免許は必須でした。でも母が最寄りの教習所は厳しいという情報を持ってきたんです。それで指導が緩いという噂の隣町の教習所に通って、なんとか免許は取得できました。その講習中は、人生でいちばん怒られた期間でした。うしろを見ながらバックができない、アクセルとブレーキを同時に踏む、公道を30キロでしか走れない、右左折ができないなど。

　同時に原付の講習も必要だったんですけど、自転車に乗るのもたいへんなので、命の危険があります。ヘルメットが重たいので、頚椎亜脱臼のため耐えられないと説明して、逃れました。言い訳ですが、実際に首の調子は悪いので、完全な嘘というわけではありません。なんとか免許は取らせてもらえましたが、命の危険を感じたので、ずっとペーパードライバーです。

　そんなわけで、職場の高校には車で行けず、片道40分以上歩いて通勤しました。高校生のときよりは短い距離です。職場では、事務作業をしました。パソコンを使うことがありましたが、私はもちろんブラインドタッチができません。キーボードを見ながら小指以外の8本の指で打ちます。テンキーや電卓を叩くと、まちがった数字が出ます。でも紙ベースでの作業が多かったので、そんなに問題になりませんでした。

それからこれは発達性協調運動症には関係ないかもしれませんが、私はおとなになってもおねしょやおもらしをしていました。急に猛烈な尿意に襲われて、間にあわないんです。1日20回くらいトイレに行く生活でした。現在のパートナーから「それは多すぎる」、「ふつうは平均5回くらい」と聞いて驚きました。それで泌尿器科に行くと、「過活動膀胱」だと言われて、薬をもらって、改善しました。

排泄に関して発達性協調運動症とはっきり関係があるのは、じぶんと便座との距離感がわからずに、服やトイレを汚してしまうとか、用を足したあとにうまく拭けていない、ということですね。パートナーと話していると、傍から見ていてかなり困っているように見えると言っていましたが、ずっとそのような状況なので、私は慣れてしまっていて、困りごとだと自覚できていませんでした。

職場の高校は有期雇用で半年契約でした。1回更新してもらえて、1年で任期満了となりました。そのあとは、また震災絡みの就職支援事業に声をかけてもらって、1年間給料をもらいながら就職するためのビジネスマナー講座を受けて、県から委託された派遣会社で1年間働きました。そのあとは靴屋に勤めたんですけど、私は1年で1足も販売できず、店は潰れてしまいました。それから失業保険をもらいながら就職活動をして、半年くらいして不動産会社に決まりました。最初は契約社員として4年勤めて、そのあとは正社員です。でも正社員になってから半年後に鬱病になって、最初に言ったような診断をどんどん受けました。それでも働きつづけることができていて、契約社員のときから数えて10年くらいになります。

◎おとなのほうが、発達性協調運動症はつらい

マコトさん（著者の横道のこと）は、発達性協調運動症は子どもの頃のほうがつらいと思う、と言っていましたね。私はそう思いません。いまでも私はとても不便に感じています。二足歩行が嫌なんですよ。散歩の楽しさなんかがわからないですね。運動の習慣はまったくないです。ちょっとは運動したほうがいいんじゃないって言われるのですが、いまでもラジオ体操すらできないです。「屈伸〜」とか「腕の体操〜」とか呼びかけられても、わからない。YouTubeの動画を見ながらストレッチとかヨガとかやってみると、へんなところが痛くなります。指示されたとおりに動けてないんだと思います。それで続けたくなくなります。

自閉スペクトラム症があるからと言って、つねに人と交流したくないわけではありません。不定期に社交欲が訪れます。それでバドミントンサークルに入ったことがありました。

バドミントンは難なくできると思っていたのですが、ほかの人が撮影していた私の映像を見て衝撃を受けました。ほかの人の構えの姿勢とはまったく違って、私はラケットをただ手にぶらさげたまま、コートの端に突っ立っていただけでした。ダブルスだったんですが、私はほとんど動かず、たまたまじぶんのところにきたシャトルを打ちかえすことだけをしていました。それでバドミントンができていると思っていたのですが、ビデオを観てそうではないと気づき、サークルは辞めました。「体の重心を移動するといいよ」、と言われましたが、いまだに「重心」とはなんのことかわかりません。

中学は不登校でしたし、高校は制服がなかったので、制服になじみがなく、なんなら嫌悪感があります。理由はさまざまですが、ひとつは、ボタンが苦手なためです。就職活動のときも、絶対に制服がない職場を希望してきました。私服はボタンの服は持っていません。うまく留められないからです。チャックも難しく感じますが、ボタンよりはましです。男性ものはどうかわかりませんが、おとなの女性ものの服にはボタンやチャックがついていることが大半なので、その点で苦労していると言えます。靴紐もうまく結べないので、学校に通っていた頃は、スニーカーを履きませんでした。いまはチャックのスニーカーが出ているので、それは履けるから助かっています。

子どもの頃に、おとなになっても出産しないと決めました。最初の恋人は19歳から23歳まで付きあった男性で、セックスで快楽を得たことがない、というか苦痛でした。終わったあとの排尿も痛かったです。力のじょうずな抜き方がわかりません。DVをする人だったので、妊娠のリスクは高かったのですが、なんとか無事にすみました。そのあと25歳から1年付きあった男性がいますが、ほとんど遠距離だったので、付きあったと言えるのかどうかぼんやりしています。

現在のパートナーは女性です。私がタチ側、相手がネコ側なので、挿入されることによる苦痛はないのですが、私はじぶんが痛かったことを思いだすので、うまく相手を愛撫することができません。体の動かし方が難しくて、なかなかうまく良い感じになりません。セックスの話については、パートナーに同意を得ているので、公表してくださって大丈夫です。

おとなになってからのほうが、発達性協調運動症はつらいと感じるのは、とくに免許に関することです。子どもの頃は、授業が終わったら、なんてことはないと感じました。与えられたことがあっても、うまくやりすごせば良いです。でもおとなになると、普通免許が雇用の条件になったりします。私は免許を持っていますが、持っているだけではもちろんダメで、運転できると見なされるので、困った場面が出てきます。勤め先の本社は東京にあるのですが、1年に1回、人事の担当者がやってきて、車を使って現地の不動産を確認しに行くように、仕事の幅が広がると毎年のようにアドバイスしてきます。それがつらいです。

さいわい直属の上司に相談して、そのアドバイスは毎回お断りすることができています。直属の上司から指示されていたら、ずっと苦痛だったので、それは良かったです。でも、運転できない人間がいるという事実を理解されないことは、たいへんだと実感しています。こちらが運転の危険性を真剣に話しても、笑われて否定されてしまいます。「運転は慣れ」と多くの人に言われてきましたが、かりに慣れるとしても、慣れる前にじぶんが死ぬか、誰かを轢《ひ》くと思います。無理強いに関しては何事もそうですが、運転の強要はほんとうに危険で、良くないと思います。上司は定期的に代わりますが、障害の診断がおりたことで、いまでは誰にでも説明しやすくなりました。

ちーさんへのインタビューに対するコメント

いまから5年前（２０１９年）、ちーさんはまず睡眠障害の過眠症と診断され、その根にあるのが鬱病と診断された。それから強迫性障害、摂食障害傾向、双極症、解離性同一性障害などが主治医との話題にのぼった。これらは後天的に発症する精神疾患だけれども、先天的に派生する発達障害として、自閉スペクトラム症、ＡＤＨＤ、発達性協調運動症、限局性学習症と診断されている。発達障害に由来する生きづらさが多くの二次障害的な精神疾患を呼びこんだとも、双極症と診断されていた母親の遺伝的要素があるとも、子どもの頃からヤングケアラーとして働いていた心の負担が精神疾患となって発露したとも考えられる。あるいはそのすべてが正しいかもしれない。

エモさんや私と同様に、ちーさんも笑うのが不得意だ。子どもの頃から集団で遊ぶのを避ける傾向にあり、対人関係に困難を抱え、いじめの標的になった。体育はできなくても、スポーツはやればできると思っていた、というエピソードは、自閉スペクトラム症らしい「こだわり」に由来する固定観念だろうか。自閉スペクトラム症者で解離（心と体が分離する現象）を起こしている当事者は珍しくなく、私自身もそのひとりなのだが、ちーさんの場合は中学1年生のときの交通事故の経験もあって、その後遺症で余計に解離が出てしまったようだ。それで記憶の脱落が多く、現在まで不安定だと語る。

ちーさんの粗大運動について、まとめてみよう。二足歩行を始めるのがかなり遅く、転ばないようにするために足元を見ながら歩くようになり、自転車になかなか乗れるようにならなかった。鉄棒では逆上がりどころか前回りもできないというから、ちーさんの発達性協調運動症は私より重症のようだ。跳び箱を跳ぼうとすると、踏切板の前で止まってしまった、縄跳びもできない、走るのも誰よりも遅い、水泳もできない、球技も苦手と語る。

運動会が苦痛だったと話すちーさんに、私は心から共感してやまない。大縄跳びでみんなの足を引っぱっていた、という話はエモさんのムカデ競争に関する話を思いださせる。私にはムカデ競争や大縄跳びの経験がないように記憶しているが、もしかしたらそういうことを体験したことがあっても、あまりにもつらすぎる体験だったので、心の防衛規制として記憶が消えてしまっているだけかもしれない。

ちーさんはおとなになってもバドミントンに挑戦し、映像でじぶんのプレイスタイルを観て失望し、サークルを退会したという。私も30歳前後の頃、急に体をちゃんと鍛えようと考えてスポーツジムに入会したものの、エアロビクスの時間が衝撃的だった。何十人もの利用者と一緒に体を激しく動かしていると、壁面が鏡張りなので、じぶんの動きもほかの人の動きも、手に取るように確認することができた。私の動きだけが、講師やほかの人のタイミングとずれていた。スポーツジムはそれから15年ほども毎日利用しつづけているものの、私が運動をすることはいっさいなくなっている。毎日ジムの風呂場に入って、暑いサウナ室と冷たい水風呂を往復して、気持ち良く「整う」ことに専念しているのだ。

ちーさんの微細運動についても、まとめてみよう。箸や鉛筆を正しく持てない時期が長かった、ボタンをうまく留められず、チャックでも苦労した、スニーカーの紐が結べず、チャックのスニーカーを履いた、ペットボトルの蓋を開けるのが難しかった、給食ではトレーの上にパンのくずをたくさんこぼしていた、などの生活上の困りごとがあった。リコーダーは吹けず、そろばんの玉を弾くことが難しく、図工の時間では万力や彫刻刀をうまく扱えなかった。それでも家事をやっていて「とくに苦手だったこと、特別に困ったことはありません」と口にしたので、「そんなことがありえるのか」と驚きつつ話に耳を傾けていたが、料理に関して「基本的にどの野菜も皮をむかずに調理していたので困りませんでした」「ピーラーを使えば良いと思うかもしれませんが、使えません」「いまでもピーラーは恐怖です」と補足されたので、すべてを理解することができた。ちーさんが作る料理には、野菜が皮をむかれないまま調理されているという特徴があるのだ。料理を出された人が、すべての野菜の皮を取りはずしながら、食べていかなくてはならない。読者はそんな料理を見たことがあるだろうか？　これこそが、発達性協調運動症という発達障害の真実にほかならない。

ヤングケアラーのちーさんは、中卒で働こうとしたところ、担任の先生に止められて、進学することになった。しかし高校時代はアルバイトと家事をやるために、夜間の高校に通った。卒業する前後に東日本大震災に遭遇して、巡りあわせによって、高校の事務職を得ることができた。そのあとはビジネスマナー講座、派遣会社、靴屋、失業保険での生活を経て不動産会社に落ちついた。ちーさんの激動の日々について聞いていると、大学を出たあと大学院に通い、大学院を出たあとは半年くらいで常勤の大学教員になって、そのまま15年以上も同じ職場で働いてきた私の人生が「ぬるい」ものだと感じられてくる。その私ですら鬱状態になって不眠障害を起こし、1年半にわたって休職したことがあって、そのあいだに発達障害の診断を受けた。ちーさんは波乱万丈の人生を泳ぎわたる過程で、どれほどに傷つけられ、消耗してきたことだろうか。

ちーさんが指摘してくれたとおり、私は実際に「発達性協調運動症は子どもの頃のほうがつらい」と考えていた。私は体育を筆頭として、学校の授業で、強制的な責め苦を負わされつづけたという呪詛《じゅそ》の念をはっきり抱いている。横道誠とは、学校生活を送ることによって、人生を心底から呪うようになった人間のことだ。成人してから四半世紀を経た現在でも、学校というものに対する燃えあがる炎のような反感は微塵《みじん》も薄れていない。

しかし、ちーさんは、おとなになっても苦労をしていると語る。たとえば散歩の楽しさがわからないそうだ。ラジオ体操もストレッチもヨガも楽しめない。この話を聞いて、私は甘えていたのかもしれないと思った。私もラジオ体操、ストレッチ、ヨガがまったく楽しくないけれども、美しい風景というものに対する関心――図工や美術に対する関心と地続きのもの――が強いため、歩くこと自体を負担に感じながらも、散歩は楽しいと感じている。むしろ歩くことにハードルがあるからこそ、それを乗りこえながら歩いていく行為に集中し、没頭できる。そうして私は歩きながら、ほとんどつねに「ゾーン」に突入する。スポーツ選手などがパフォーマンスの最中、神域に入ったように感じるという「ゾーン」を私は散歩しながら体験できる。私が運動音痴の発達性協調運動症者だからこそ、散歩するだけでじぶんの限界を突破し、ゾーンを体験しているのだ。しかし、ちーさんの身体からはそういう神秘は発生してこない。

　私は奇妙な仕方のブラインドタッチを操るけれども、ちーさんの場合は、パソコンを使っていてもブラインドタッチができないという。テンキーや電卓を打ちまちがうことが多いということに関しては、私もちーさんも同じだ。私が自動車の普通免許を取得しなかったことはすでに述べたことだ。京都に住んでいると、自家用車よりも市バスや自転車のほうが活躍できる場面が多い。私はある時期には毎日のように自転車に乗り、べつの時期には自転車をまったく使わず、市バスや地下鉄を駆使しながら、長らく京都で生きてきた。ちーさんは厳しくない教習所の噂を得て、そこに通って普通免許を取得したものの、「その講習中は、人生でいちばん怒られた期間でした」と語ってくれた。じょうずに言い訳を見つけて、原付の講習を逃れた。免許取得後は、命の危険を感じてペーパードライバーを貫いてきた。いまでは勤め先の本社から来た人事担当者に車に乗って働くように勧められるのを面倒に感じているそうだ。「運転は慣れ、と多くの人に言われてきましたが、かりに慣れるとしても、慣れる前にじぶんが死ぬか、誰かを轢くと思います」と語るちーさんに私は心からのエールを送ってやまない。

ちーさんが排泄の問題に関しても——自閉スペクトラム症者らしく——明け透けに語ってくれたことに敬意を表したい。私自身、排泄に困難を感じていると第2章に明記したわけだが、読者のみなさんはこれで、発達性協調運動症者が直面する現実の重要な一端を理解してくださったのではないかと思う。このような問題については、発達性協調運動症の子どもを育てる親たちも非常にリアルに理解しているはずだけれど、やはりわが子とはいえ、独立した人格を持った他者のことだけに、語りにくかったのではないだろうか。第3章でインタビューをしたお母さんがたから、この問題に関する話題は得られなかった。

性に関する問題に関しても、成人した当事者ならではの語りが、大きな意味を持っている。私もエモさんもちーさんも本書で、発達性協調運動症によって、性交に困難を抱えているという事実をはっきりと表明している。セックスに関する当事者の困難は、これまで日本で出版された発達性協調運動症に関するどのような本でも、書かれてこなかったはずだ。しかし当然ながら、ひとりの人間の「生活の質」（ＱＯＬ）を考えるうえでも、ウェルビーイング（幸福感）を考えるうえでも、そして家族の問題を考えるうえでも、セックスというテーマは軽んじられて良いはずがない。発達障害者が性行為に関しても障壁を感じているという事実が、もっと知られ、広く議論の対象になってほしい。そのために、本書が里程標としての役割を果たすことができるならば、幸いと考える。

第5章

問題をどう解決するか

改めて発達性協調運動症のメカニズムについて、確認しておこう。「ある個人の体に感覚が入力されると、脳が情報処理をおこなって認知を形成し、運動を起こすことができる。その運動が感覚にフィードバックされてスキル習得につながるけれども、発達性協調運動症の当事者の場合は、この回路に困難が発生する」（塩津 2022: 31）。

うまくスキル習得ができないことで、発達性協調運動症の当事者は挫折感や敗北感を多く味わうことになる。体を使わずには生きていけないのだから、その体の使用に支障があると、日常が挫折と敗北に塗りこめられていく。そこから発達性協調運動症の子どもは学習性無力感に囚われるようになると私は考えている。

学習性無力感とはどのようなものか。1960年代、心理学者のマーティン・セリグマンは犬を使って、犬がなにをどうやっても電撃を受けつづけ、逃げられないようにする状況を設定した。そうすると犬はやがてなにをしてもムダだと考えるようになり、電撃を与えられないような環境に移しかえられても、そこから逃げようとしなくなったそうだ。その犬は、じぶんが無力な存在だという認知を得たのだった。このような動物実験は、現在では動物倫理の観点から実施不可能なわけだが、それはともかく発達性協調運動症の子どもは、まさにそのような学習性無力感に囚われてしまうことで、人生をディストピアのように感じてしまう。

今村明たちが提唱する発達性協調運動症に関する「こころの発達」の「五重の塔モデル」は、この学習性無力感をより具体的に表現したものと言って良い。その五重の塔の第1階層には、微細運動と粗大運動の不器用さ、運動の遅さ、不正確さといった「発達の問題」がある。第2階層には、養育者から急かされたり叱られたりすることによって発生するという、世界や他者、自己、未来に対する基本的信頼感の欠損という「愛着形成の問題」がある。第3階層には、運動に関連した失敗体験と、ほかの子どもやおとなからのからかい、教師からの理解のない対応などによる傷つき体験によって生じる侵入症状、回避症状、陰性の感情や認知、過覚醒症状などによって表現される「トラウマの問題」がある。第4階層には、ストレス脆弱性、回避的性格、内向的性格、情動不安定、制限された感情、過敏性、解離傾向などを示す「パーソナリティ形成の問題」がある。そして第5階層には、低い自己肯定感と自己効力感、鬱病、不安症、トラウマ関連障害、秩序破壊的な行動、ネット・ゲームへの依存傾向、身体的不調の心理的影響などを現す「メンタルヘルスの問題」がある（今村ほか 2024: 128）。

本書に収録した保護者へのインタビューを含めて、発達性協調運動症の事例をいろいろと聞いていると、最近では5歳くらいで診断を受ける子どもが多いようだ。早い段階から特別な配慮が必要な子どもだということが認識され、支援を受けられるようになってきたことを歓迎したい。本書の第3章を読んだ読者は、保護者や教師たちの理解のもとに、発達性協調運動症の子どもたちが適切な支援を受けられていることに、勇気づけられると思う。他方で本書の第4章を読んだ読者は、発達性協調運動症に関する知識が一般的ではない世界で生き、生きづらさに苦しめられた成人の当事者に大いに同情してくれると信じたい。

発達性協調運動症の子どもを生活場面で支援する際の要点について、東恩納拓也はつぎのように整理している。

（1）不器用さによって生活上のなにに困っているかを把握すること、
（2）子どもの特性、課題の特性、環境の特性の相互作用に注目すること、
（3）「楽しい」「できた」という実感を得られるようにすること、
（4）段階的なスモールステップによって課題をこなせるようにしていくことで、基礎的な能力を底上げすること、
（5）場所や練習機会の確保など環境の調整をおこなうこと、
（6）家族を巻きこんだ介入をおこなって、発達性協調運動症児が置かれた状況と心理をともに安定させること。

（東恩納 2022: 39-42）

私としては、以上の提案にまったく同意したうえで、さらに独自の見解を示したい。発達性協調運動症に関する学術論文を読んでいると、当事者の努力による事態改善がとうぜんの解決策と見なされていることが多いことに、疑問を覚えざるを得ない。私としては、発達性協調運動症の子どもへの支援は、つぎの四層構造を備えているべきだと考えている。

（1）安心して作業ができる環境づくり【環境調整A】
（2）当事者によるじぶんなりのライフスタイルの構築【個人的調整A】
（3）トレーニング【個人的調整B】
（4）人間関係のバックアップ【環境調整B】

以下では、姿勢が悪くて椅子にじっと座っているのが難しい（粗大運動の障害）ということと、鉛筆の持ち方や力の入れ方が独特で、筆圧が強すぎたり弱すぎたりという書字の困難を抱えている（微細運動の障害）というふたつの【課題】を例として考えてみよう。ちなみに、書字の困難は、限局性学習症に由来する書字障害によっても発生するものの、ここでは発達性協調運動症に由来する書字の困難のみを問題にしておく。

まず【環境調整Ａ】として、安心して作業ができる環境づくりを進めてほしい。姿勢が悪くて椅子にじっと座っているのが難しいならば、椅子の高さや机の高さを改善することが必須となる。書字に問題があるのならば、鉛筆の濃さを変える、たとえば筆圧が強ければＨＢやＦを選ぶ、筆圧が弱ければ２Ｂや４Ｂを選ぶなど、道具を改善することができる。

続いて【個人的調整Ａ】として、当事者によるじぶんなりのライフスタイルの構築がめざされて良い。椅子に座るときに背中が丸まっていたり、頬杖《ほおづえ》をついていたり、椅子を傾けたりしていても、座る姿勢の多様性が認められるべきだ。学校や大学に通っていたときの私の場合は、机にへばりつくような姿勢を取ることが多かった。姿勢が悪いのは体幹が弱いからだ。体幹が弱いと疲れやすいので、家ではなるべくゴロゴロ横たわっている。これは子どもの頃から現在まで変わらない。

書字に関しては、私は小学生のとき、国語の副読本で宮沢賢治の「雨ニモマケズ」の原稿を見かけて、「これだ！」と閃《ひらめ》きを得た。おそらく宮沢にも発達性協調運動症があったのではないかと推測するのだが、その書字は極端な不器用さを感じさせる。しかしその書字は、宮沢のおそらく自閉スペクトラム症的な「こだわり」もあって、独特の味わいをたたえている。私が子どもの頃によく使われていた言葉で言えば「ヘタうま」センスの表現だ。その宮沢の書字のように「ヘタうま」をめざせば良いのだという霊感を得て以来、私はこの問題に関して彼の弟子でありつづけている。

また私が未成年だった時代は、ワープロやパソコンが普及していく時代にあたっていて、キーボードを操作し、文字を出力することで、書字が汚いということが決定的な弱みではなくなる時代が訪れた。【環境調整A】でもあり、【個人的調整A】でもあるはずだが、字が汚い私はキーボードの操作を熱心に練習して、いまではなるべく肉筆で文字を書かないという生活を守っている。これはこれでひとつの解決と言えるはずだ。

発達性協調運動症に関して、多くの識者がトレーニングの問題を第1の懸案事項と考えているが、私はそれを【個人的調整B】とし、【環境調整A】および【個人的調整A】に次ぐ第3の懸案事項と考える。トレーニングは作業療法士（微細運動の障害への対応）や理学療法士（粗大運動の障害への対応）によっても実施できるけれども、親や教師の立ちあいによって、あるいは子どもだけでの実行も不可能ではない。いずれにせよ、遊びの要素を取りこんで、子どもが苦痛を感じる機会を少なくすることが肝要だと考える。

たとえば座る姿勢に関しては、体幹を鍛えるということが課題になる。これにはスポーツの特別に興奮を誘い、夢中になりやすい部分だけを取りだして、遊んでもらうというのは、どうだろうか。野球ならバッティングのみをするとか。サッカーならゴールポスト前からシュートするなどだ。野球やサッカーを総体としてプレイするのは、発達性協調運動症の子どもにとってハードルが高いかもしれないが、とくに快感が発生しやすい部分だけをプレイするなら、楽しい時間を得られやすいと思われる。

他方で書字に関しては、たとえば粘土をこねる、手頃な容器にビー玉やおはじきを収納していく、ブロック細工を組みたてる、コーヒー豆を挽《ひ》いてみる、飲み物を容器からコップにそそぐ、色鉛筆や水彩で塗り絵をする、毛筆で書をしたためてみる、太鼓を叩く、などの作業によって、力を入れたり抜いたりする練習を、遊び心とともに積むことができるだろう。子どもにとって負担でない範囲で、洗濯物を干していく、掃除機をかける、かんたんな料理に挑戦する、といった作業も遊びの一環として取りいれてよいと思う。

最後に、第４の懸案事項として、【環境調整Ｂ】がある。それは「人間関係のバックアップ」だ。発達性協調運動症の専門家でも、多くの人が発達性協調運動症によって、それを抱える子どもの人間関係が不安定化していることを見逃している。不器用な子どもはほかの子どもから、場合によっては親や教師からもからかわれ、馬鹿にされてしまう。そのような状況が仲間外れやいじめなどの深刻な問題を容易に呼びこんでいる。だから、親や教師として発達性協調運動症の子どもを支援する人は、子どもの環境調整として人間関係をバックアップするように配慮することが不可欠だと考える。

このバックアップによって、発達性協調運動症の子どもは人間関係からこぼれおちないだけでなく、自尊心（自己肯定感）が守られるようになる。自尊心の欠如こそ、人間関係の喪失と並んで、多くの発達障害の当事者にディストピアをもたらしている淵源《えんげん》のようなものだ。じぶんのことを嫌いになってしまって、自己を否定し、自暴自棄になり、この世から消えてしまいたいと考えるようになる発達障害者は無数にいる。自殺を選ぶ事例にしたって、けっして稀ではない。むしろ全自殺者のうち、発達障害者が占める割合は相当に大きいはずだ。だからどうか親や教師やその他の支援者には、【環境調整B】について、よくよくご配慮いただけたらと思う。

以上、私なりに「問題をどう解決するか」を考えてみた。とりあえず発達性協調運動症の子どもを支援するということを念頭に置いて考察を進めたものの、発達性協調運動症のおとなに関しても、基本的な考え方を違える必要があるとは思わない。ひとつ大きな問題になるのは、発達性協調運動症の子どもが支援を受けられる仕組みは整備が進んできているものの、発達性協調運動症のおとなが支援を受けられる仕組みは、まだほとんど存在していないという現実だ。だから成人当事者の場合は、個人的調整に負う部分がどうしても大きくなるし、環境調整も自力で取りくむことになりがちだろう。おとなの発達性協調運動症者に対する社会の理解が進み、支援体制が形成されることを願ってやまない。

私は発達性協調運動症の子どもを育てる親ではなく、教師でもなく、作業療法士や理学療法士でもない。かつて発達性協調運動症で苦しみ、現在もその問題を抱えている当事者として、本章では「問題をどう解決するか」について考えてみた。参考になることがあれば、ありがたい限りだ。

エピローグ——もし発達性協調運動症の人が多数派だったら？

ヨコ 最後にさ、ぼくたちで架空の対話をやってみたいと思うんだ。

ミチ ふうん。それでぼくたちは、いったい何について対話するって言うんだい？

ヨコ 多数派と少数派を入れかえた思考実験だよ。「もし発達性協調運動症者が多数派だったら？」と想定してみる。

ミチ なるほど。現実では全人口の9割5分くらいが、発達性協調運動症のない定型発達者だよね。その逆に9割5分が発達性協調運動症者だという架空の世界を想像してみるんだね。

ヨコ うん。その架空の世界では、20人中19人に微細運動の障害か粗大運動の障害、あるいはその両方が備わっていると考えるんだ。

ミチ それってどんな世界になるんだろうね？

ヨコ たとえば、いろんな道具がもっとかんたんに扱えるようにデザインされているんじゃないかな。食事を例に取るなら、日本でも箸ではなく、スプーン、フォーク、ナイフなどが主流になっているかもしれない。

ミチ なるほど。微細運動の障害を持った人が多い、というかそういう人が「ふつうの人」なわけだから、そうなりそうな気はするね。箸が使われなくなるのは、ぼくたちの現実世界の日本あるいは東アジアの文化の歴史を考えると、残念なことではあるけれども。

ヨコ でもその架空世界で、箸がまったく使われていない、ということはないんじゃないかな。たとえば現実でも「扱いにくいけれど、だからこそ高級感を漂わせている道具」っていろいろあるじゃない？　そういうものになっているかもしれない。

ミチ 「たまには箸を使ってクールに食べてみませんか」みたいなイベントがあったり（笑）。

ヨコ そうそう。こんな感じできみもちょっと、ほかのものを例にして思考実験してみてよ。

ミチ たとえばスポーツは全般的にもっとマイナーなものになっているんじゃないかなって、思った。その架空世界では、ぼくたちの現実世界にいるような器用な人たちが珍しいわけだから。

ヨコ　そうだね。スポーツ産業の規模は小さくなっていそうだね。でもぼくたちの現実世界で、発達性協調運動症者に、微細運動の障害があっても粗大運動の障害はない、という人がいるように、架空世界でもスポーツのできる人がめちゃくちゃ珍しいということにはならないんじゃないかな。

ミチ　そうだね。「運動がとてもできる人だっているけど、ぜんぜんできない人が非常に多い」世界だね。だから体育の時間の負荷はかなり低くなるんじゃないかな。あるいはぼくたちの現実世界よりも運動能力の多様性が理解されていて、体育が集団指導的ではなく、個別指導的な科目になっているかもしれない。

ヨコ　現実世界でもそうなってほしいと思うんだよね。集団指導的に体育の授業がやられて、発達性協調運動症の子どもは「いつも負け組」となるのは、ほんとうにうんざりだよ。

ミチ　そういうふうなことを考えられるようになるのが、多数派と少数派を入れかえた思考実験のいちばんの意義だ。現実世界の至らなさに気がつける、というわけだね。

ヨコ　本書の解説やインタビューを読んだ人はわかったと思うんだけど、発達性協調運動症って、自閉スペクトラム症やＡＤＨＤや限局性学習症と併発することがとても多いんだよね。発達性協調運動症者が圧倒的多数の世界だと、自閉スペクトラム症者やＡＤＨＤ者や限局性学習症者も生きやすい社会になっているんじゃないかな？

ミチ　うーん。それはどうかな？　架空世界をどう設定するか次第だろうね。発達性協調運動症者が９割５分の世界で、ぼくたちの現実世界と同じくらい自閉スペクトラム症やＡＤＨＤや限局性学習症が併発しやすいのならば、そうだろうね。でも発達性協調運動症者が９割５分の世界で、自閉スペクトラム症者やＡＤＨＤ者や限局性学習症者がぼくたちの現実世界と同じくらい少ないんだったら、つまり全人口の１割以下なんだったら、その世界でも自閉スペクトラム症者やＡＤＨＤ者や限局性学習症者は生きづらさを感じやすいんじゃないかな。

ヨコ　なるほど、数が少ないと、とくに数が少ないうえに、その人たちが多数派より劣った人たちだと認識されていると、配慮の対象から抜けおちやすいということになるだろうね。

ミチ　うん。ここは大事なことなんだけど、現実世界でもそういう問題があるんだ。「合理的配慮」に関して、どうして少数派ばかり配慮されるのか、なんて不満が出されることはあるけど、じつは多数派は合理的配慮に先立って、初めから配慮されているんだよ。社会は多数派に合わせて設計されているんだからさ。

ヨコ　いわゆる「合理的配慮」は、配慮の対象から漏れていた少数派に配慮を広げるから、

ミチ　「合理的」と呼ばれているんだよね。「それ相応の理由がある」ということ。この点をちゃんと理解していない人って、多いんじゃないかな。

ヨコ　残念ながら、そのとおり。だから現実世界で発達性協調運動症者を含む発達障害者が「合理的配慮」を受けたとしても、それは「ズル」ということにはならない。もともと定型発達者は社会設計の段階で配慮されている人々、発達障害者を含む障害者たちは、設計段階で配慮から漏れた人なわけだから、そういう「漏らされてしまった人」に公平性を提供するのが「合理的配慮」なんだ。

ミチ　話を戻すとさ、発達性協調運動症者が多数の世界だと、自動車の運転方法やパソコンのキーボードなんかも、ぼくたちの現実世界とは異なっている可能性が高いね。自動車の運転免許を断念したり、キーボードのブラインドタッチが独特なぼくとしては、やはり憧れてしまうなあ。

ヨコ　うん。ぼくたちの現実世界で当たり前のものが、架空世界では扱いづらいものになってしまうわけだから、架空世界ではぼくたちの現実の世界よりも、シンプルに操作できるものが増えているんじゃないかな。シンプル思考のぼくとしては、ときめいてしまう。

ミチ　料理に困難を感じる人が多いだろうから、「お湯を注いで3分待つ！」とか「電子レンジで5分チンするだけ！」みたいな食品が、架空世界では現実世界よりずっと発達して、レベルの高いラインナップを楽しめるんじゃないかな。

ミチ うん。でもさ、商品開発をする人って、器用さが求められることが多いんじゃないかな？　架空世界でそういう人たちの数は、現実世界よりも少ないんだよね？

ヨコ そうだね。だから器用さが金銭的に評価されやすくなっているかもしれないね。そう考えると、この思考実験での架空世界は、不器用な人にとっての天国とは必ずしも言えないのかもしれない。

ミチ うん。でも幼稚園児の着るスモックのボタンとか、スニーカーの紐は多くの場合、チャックとかになってるはずだよね？　やっぱり、うらやましい世界だ。

ヨコ さっきの箸の話と同じことになるけどさ、「へえ、その服ボタンで留めるんだ。めっちゃオシャレだね（めんどくさそうだから、ぼくは着たくないけど）」とか、「うわあ紐で締めるスニーカーなんだ、珍しくてかっこいいね！（ぼくは履きたくないけど）」みたいな会話が展開するんだろうね。

ミチ 一度でいいから、この架空世界を体験してみたいね。そしてできるならば、この世界で発達性協調運動症のない人たち、極端な不器用さに悩まずに生きている定型発達者たちを、この架空世界に放りこんでみたいよ。なにを感じるかなと思って。

ヨコ　彼らはバリバリ活躍して、かえって鼻高々になるんじゃないかな。

ミチ　そうは思わないよ。その架空世界では不器用な人が多数派だから、スポーツが得意とか手先が器用な人たちって、もちろん大活躍できる場面はあると思うんだけど、ぼくたちの現実世界よりも極端に少ないわけだから、ヘイトの対象になりやすいと思うんだ。だからスポーツが得意、手先が器用だけど、それで鼻高々になりにくいはずだ。嫌われないようにするために、謙虚な振るまいを心がけるようになる人がとても多いんじゃないかな。

ヨコ　ふふふ。だったら、ぼくたちの現実世界で発達性協調運動症のないまま生きている定型発達者たちが、その架空世界に行ったら、謙虚さについて学ぶ機会を持てるわけだね。じぶんたちが無意識のうちに傲慢だったことに気づくのではないかな。

ミチ　それはほんとうに素晴らしい体験になると思うよ。

あとがき

「プロローグ」に書いたとおり、私はじぶんがディストピアを生きていると感じている。しかし、すべての当事者がそのような暗澹《あんたん》たる気持ちで生きているわけでは、もちろんない。今回の本を作成していて、私は歯を食いしばるようにして生きてきた発達性協調運動症者にも、理解のある親のもとでさまざまな支援を受けながら生きている発達性協調運動症の子どもたちの存在にも、心を打たれた。発達性協調運動症に関する書物はいまだ少なく、一冊まるまる発達性協調運動症をテーマとした「当事者本」や「インタビュー集」となると、国内では本書が初めてだと思われる。これから発達性協調運動症に関する認知が広がり、多くの当事者が救われていくことを願う。

担当編集者の深澤孝之さんと本を作るのは、『信仰から解放されない子どもたち――#宗教2世に信教の自由を』（2023年）、『発達障害者は〈擬態〉する――抑圧と生存戦略のカモフラージュ』（2024年）に次いで、本書が3冊目となる。いつも的確な支援をくださることについて、心から感謝したい。素敵なカバー写真を手がけてくれた原美樹子さんと、装丁を担当してくれた清水肇さん、インタビューに応じてくれたみなさん、インタビューの一部を紹介してくれた青山れもんさん、本書を世に送りだすにあたって関わってくれたすべての人たち、そして読者のみなさんにも感謝を込めて。

2024年10月

横道 誠

文献

石川道子（2019）「青年期・成人期以降のＤＣＤの評価と支援の実際」辻井正次・宮原資英 監修、澤江幸則・増田貴人・七木田敦 編『発達性協調運動障害［ＤＣＤ］——不器用さのある子どもの理解と支援』金子書房、１４１～１５７頁

今村明・山本直毅・疋田琳・熊﨑博一（2024）「思春期以降のＤＣＤへの対応」岩永竜一郎・辻井正次 編著『不器用・運動が苦手な子の理解と支援のガイドブック——ＤＣＤ（発達性協調運動症）入門』金子書房、１２４～１３１頁

エアーズ Ａ・ジーン著、Pediatric Therapy Network 改訂、岩永竜一郎 監訳、古賀祥子 訳（2020）『感覚統合の発達と支援——子どもの隠れたつまずきを理解する』金子書房

塩津裕康（2022）「ＤＣＤ児のスキルを伸ばすアプローチ」『ＤＣＤ支援マニュアル——令和４年度障害者総合福祉推進事業「協調運動の障害の早期の発見と適切な支援の普及のための調査」』厚生労働省、30～38頁

東恩納拓也（2022）「ＤＣＤ児の生活場面での支援」『ＤＣＤ支援マニュアル——令和４年度障害者総合福祉推進事業「協調運動の障害の早期の発見と適切な支援の普及のための調査」』厚生労働省、39～43頁

古荘純一（2023）『ＤＣＤ発達性協調運動障害——不器用すぎる子どもを支えるヒント』講談社

ブレイディみかこ「ラドクリフ『ハリポタのアクションが運動障害克服に役立った』」『MOVIE WALKER PRESS』（２０１０年11月25日）https://moviewalker.jp/news/article/18583/

本田秀夫「知的障害と『境界知能』はどう違う?」『集英社オンライン』（２０２４年５月４日）https://shueisha.online/articles/-/250292?page=2

文部科学省「発達障害者支援法（平成十六年十二月十日法律第百六十七号）」登録：２０１６年10月

https://www.mext.go.jp/a_menu/shotou/tokubetu/main/1376867.htm

横道誠（2021）『みんな水の中――「発達障害」自助グループの文学研究者はどんな世界に棲んでいるか』医学書院

横道誠（2023）『ひとつにならない――発達障害者がセックスについて語ること』イースト・プレス

吉水真衣・吉田ゆり（2011）「微細脳障害から学習障害・注意欠陥多動性障害・発達性協調運動障害へ――診断基準と研究の動向を中心に」『鹿児島純心女子大学大学院人間科学研究科紀要』6号、41～47頁

American Psychiatric Association 編、髙橋三郎 訳（1988）『ＤＳＭ－Ⅲ－Ｒ　精神障害の診断・統計マニュアル』医学書院　※略号は APA 1988

American Psychiatric Association 編、日本精神神経学会 日本語版用語監修、髙橋三郎・大野裕 監訳（2023）『ＤＳＭ－５－ＴＲ　精神疾患の診断・統計マニュアル』医学書院　※略号は APA 2023

Committee on Nomenclature and Statistics of the American Psychiatric Association (1968) *Diagnostic and Statistical Manual of Mental Disorders.* Washington D.C. (American Psychiatric Association)　※略号は APA 1968

Green, D.; Charman,T.; Pickles, A.; Chandler, S.; Loucas, T.; Frcpsych, S.; Frcpch, B. (2009) “Impairment in Movement Skills of Children with Autistic Spectrum Disorders,” *Developmental Medicine and Child Neurology,* 51 (4), pp. 311-316.

ICD: (2024) “Developmental motor coordination disorder,” ICD-11 for Mortality and Morbidity Statistics, 6A04 (https://icd.who.int/browse/2024-01/mms/en#148247104)

Rameckers, Eugene A. A.; Crafford, Roche; Ferguson, Gillian; Bouwien, C. M.; Smits-Engelsman, D. (2023) “Efficacy of a Task-Oriented Intervention for Children with a Dual Diagnosis of Specific Learning Disabilities and Developmental Coordination Disorder: A Pilot Study”, *Children (Basel)* 10 (3), p. 415.

Watemberg, Nathan; Waiserberg, Nilly; Zuk, Luba; Lerman-Sagie, Tally (2007) "Developmental Coordination Disorder in Children with Attention-Deficit-Hyperactivity Disorder and Physical Therapy Intervention," *Developmental Medicine & Child Neurology,* 49, p. 920.

Zwicker, J.G.; Missiuna, C.; Harris, S. R.; Boyd, L. A. (2012) "Developmental Coordination Disorder. A Review and Update," *European Journal of Paediatric Neurology,* 16(6), pp. 573-581.

横道 誠（よこみち・まこと）
京都府立大学文学部准教授。1979年生まれ。大阪市出身。文学博士（京都大学）。専門は文学・当事者研究。単著に『みんな水の中──「発達障害」自助グループの文学研究者はどんな世界に棲んでいるか』（医学書院）、『イスタンブールで青に溺れる──発達障害者の世界周航記』（文藝春秋）、『発達界隈通信──ぼくたちは障害と脳の多様性を生きてます』（教育評論社）、『ある大学教員の日常と非日常──障害者モード、コロナ禍、ウクライナ侵攻』（晶文社）、『ひとつにならない──発達障害者がセックスについて語ること』（イースト・プレス）、『解離と嗜癖──孤独な発達障害者の日本紀行』（教育評論社）、『発達障害の子の勉強・学校・心のケア──当事者の私がいま伝えたいこと』（大和書房）、『発達障害者は〈擬態〉する──抑圧と生存戦略のカモフラージュ』（明石書店）が、共著に『当事者対決！ 心と体でケンカする』（世界思想社）、『海球小説──次世代の発達障害論』（ミネルヴァ書房）、『酒をやめられない文学研究者とタバコをやめられない精神科医が本気で語り明かした依存症の話』（太田出版）が、編著に『みんなの宗教2世問題』（晶文社）、『信仰から解放されない子どもたち──#宗教2世に信教の自由を』（明石書店）がある。

〈逆上がり〉ができない人々
──発達性協調運動症（DCD）のディストピア

2024年12月15日　初版第１刷発行

著　者　横　道　　誠
発行者　大　江　道　雅
発行所　株式会社　明石書店
〒101-0021　東京都千代田区外神田 6-9-5
電　話　03（5818）1171
ＦＡＸ　03（5818）1174
振　替　00100-7-24505
https://www.akashi.co.jp/

装丁　清水肇（prigraphics）
印刷・製本　モリモト印刷株式会社

（定価はカバーに表示してあります）　ISBN978-4-7503-5863-5

発達障害者は〈擬態〉する
抑圧と生存戦略のカモフラージュ

横道誠 著

■四六判／並製／216頁 ◎1800円

自らも発達障害の当事者であり、自助グループを運営する著者が、当事者間では一般的ながら、支援現場ではまだ浸透していない発達障害者の〈擬態〉について11名にインタビュー。当事者の「生きた声」と「発達障害者の内側から見た体験世界」をリアルに伝える。

●内容構成●

第1章 ふつうっぽさを出そうと「擬態」をしていましたが、「ふつうじゃなさ」が周囲に漏れていました。
第2章 僕の問題は書字障害で、文字が頭に浮かんで来ないんです。
第3章 世間とどう向きあったらいいのか、最適解はわかっていません。
第4章 女性に擬態して、定型発達者に擬態して、日本人に擬態しようとしました。
第5章 毎年のように国家資格に挑戦しつづけていて、一〇個の国家資格を持っています。
第6章 私を助けてくれているのは趣味です。趣味のお陰でメンタルの安定が保てている部分があります。
第7章 サルトルが言った「地獄とは他人のことだ」という言葉に完全に共感します。
第8章 「擬態」は抑圧だと思っています。じぶんを抑えながら、死んだような気持ちになって仕事をしていました。
第9章 私の当事者性は、日本の女性で、就職氷河期世代で少し発達障害者というところにあります、たぶん。
第10章 みんなが顔色をうかがっているなかで先陣を切って飛びこんでいくのが好きなんです。
第11章 周囲とひたすら戦っていた。どうして明文化されていないものに合わせないといけないのって思って。

信仰から解放されない子どもたち
#宗教2世に信教の自由を　横道誠編著　◎1800円

ルポ　宗教と子ども　見過ごされてきた児童虐待
毎日新聞取材班編　◎2000円

身体をうまく使えるためのワークブック
学校では教えてくれない 困っている子どもを支える認知作業トレーニング
自分でできるコグトレ⑥　宮口幸治編著　石附智奈美著　◎1800円

カモフラージュ　自閉症女性の知られざる生活
サラ・バーギエラ著　ソフィー・スタンディング絵
田宮裕子、田宮聡訳　◎2000円

自閉症とその他の神経発達症のESSENCE（エッセンス）
併存症、評価、および介入について再考する
クリストファー・ギルバーグ著　田中康雄、畠中雄平、北添紀子監修　石川ミカ訳　◎2200円

自閉症の人の機能的行動アセスメント（FBA）
問題提起行動を理解する
ベス・A・グラスバーグ、ロバート・H・ラルー著　門眞一郎訳　◎2500円

自閉症の人の問題提起行動の解決
FBA（機能的行動アセスメント）に基づき支援する
ベス・A・グラスバーグ著　門眞一郎訳　◎2500円

発達障害白書　【年1回刊】
知的・発達障害を巡る法や制度、社会動向の最新情報を網羅。
日本発達障害連盟編　◎3000円

〈価格は本体価格です〉